Südtiroler Kastanien

Manfred Ziernheld

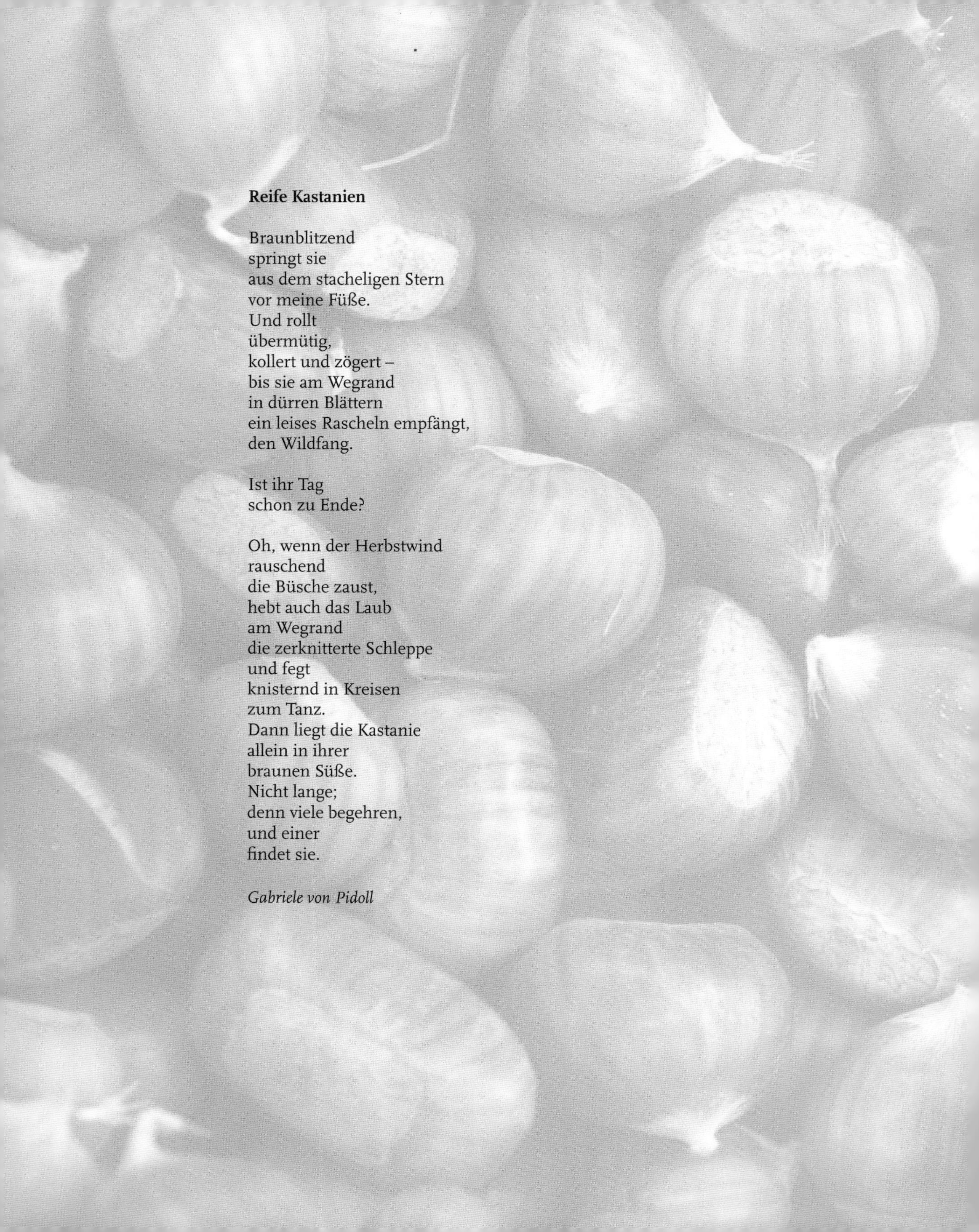

Reife Kastanien

Braunblitzend
springt sie
aus dem stacheligen Stern
vor meine Füße.
Und rollt
übermütig,
kollert und zögert –
bis sie am Wegrand
in dürren Blättern
ein leises Rascheln empfängt,
den Wildfang.

Ist ihr Tag
schon zu Ende?

Oh, wenn der Herbstwind
rauschend
die Büsche zaust,
hebt auch das Laub
am Wegrand
die zerknitterte Schleppe
und fegt
knisternd in Kreisen
zum Tanz.
Dann liegt die Kastanie
allein in ihrer
braunen Süße.
Nicht lange;
denn viele begehren,
und einer
findet sie.

Gabriele von Pidoll

Manfred Ziernheld

Südtiroler

Kastanien

100 köstliche Rezepte

Fotos von Augustin Ochsenreiter
Texte von Christoph Gufler

VERLAGSANSTALT ATHESIA | BOZEN

BIBLIOGRAFISCHE INFORMATION DER DEUTSCHEN NATIONALBIBLIOTHEK
Die Deutsche Nationalbibliothek verzeichnet diese Publikation
in der Deutschen Nationalbibliografie; detaillierte
bibliografische Daten sind im Internet abrufbar:
http://dnb.d-nb.de

UMSCHLAGFOTO
Fotosearch 2011

2011

Fotografie: Augustin Ochsenreiter
Lektorat: Kathrin Kötz
Umschlaggestaltung: Karin Reichhalter
Gestaltung und Satz: design.buero, St. Leonhard in Passeier
Druck: Athesiadruck, Bozen

ISBN 978-88-8266-781-8

www.athesiabuch.it
buchverlag@athesia.it

Inhalt

6 Inhaltsübersicht der Rezepte
8 Grußwort
9 Vorwort
10 Im Kastanienland von Christoph Gufler
39 Praktische Tipps

40 KALTE VORSPEISEN
54 SUPPEN
60 WARME VORSPEISEN
88 HAUPTSPEISEN
120 BEILAGEN
122 DESSERTS
164 GRUNDREZEPTE

167 Glossar
167 Register

Inhaltsübersicht

KALTE VORSPEISEN

S. 40

SUPPEN

S. 54

WARME VORSPEISEN

S. 60

der Rezepte

HAUPTSPEISEN

S. 88

S. 120

BEILAGEN

S. 122

DESSERTS

S. 164

GRUNDREZEPTE

Grußwort

Vom Brotbaum zur Delikatesse

»Was für die Toskana der Ölbaum und für den Gardasee die Zypresse, das ist für die bäuerliche Kulturlandschaft an Etsch und Eisack die Edelkastanie, nämlich Charakterbaum und Qualitätssiegel eines in Jahrhunderten gewachsenen, kostbaren Lebensraums.« Mit diesen Worten bringt Christoph Gufler, Co-Autor dieses Buches, die Südtiroler Bedeutung der »Castanea sativa«, vulgo Edel- oder auch Esskastanie, auf den Punkt.
Der Großbaum, der in Südtirol besonders gut auf den schrägen Hängen im Etsch- und Eisacktal, im Vinschgau und im Unterland wächst, diente in den langen Wintermonaten bis zur Industrialisierung als Nahrungsgrundlage und war für viele Menschen von lebensnotwendiger Bedeutung.
Frisch oder gedörrt, gemahlen und weiterverarbeitet galten die Kastanien lange Zeit als das Brot der ärmeren Bevölkerungsschichten, daher auch die Bezeichnung »Brotbaum«. Damit die ganze Familie ohne zu hungern durch den Winter kam, galt damals die Faustregel »ein Baum pro Kopf«.
Für lange Zeit geriet dieser wichtige Zeitzeuge unserer bäuerlichen Kulturlandschaft ins Abseits, die Kastanienbestände gingen allerorts zurück.
Heute erinnert sich Südtirol wieder seines alten Kulturgutes Kastanie.
Die Edelkastanie gewinnt ihre landschaftliche, wirtschaftliche, kulturelle und gastronomische Bedeutung zurück. Uralte Kastanienhaine werden erfolgreich gehegt und gepflegt, junge Bäume gesetzt, Keschtnwege angelegt, Kastanienveredelungskurse besucht.
Ab Oktober, zur Erntezeit, erobern die Kastanienköstlichkeiten regelmäßig nicht nur die Speisekarten und Auslagen der Konditoreien, sondern auch die Herzen der Südtiroler und von Südtirols Gästen. Ihre süßlichen Früchte gelten heutzutage als nahrhafte, aber kalorienarme und überaus gesunde Delikatesse. Kostprobe dieser vielseitigen kulinarischen Köstlichkeit geben die Rezeptideen von Koch Manfred Ziernheld.
Was ist das Geheimnis dieser Renaissance, worin liegt der Grund des Karrierezugs der ehemaligen Arme-Leute-Frucht? In den Zeiten der Globalisierung und der standardisierten Lebensmittel aus den Supermarktregale, ist es wohl unser Wunsch nach dem ursprünglichen, nach den echten Werten.
Die Kastanie erfüllt diesen Wunsch voll und ganz. Sie ist bescheiden, kerngesund, besonders schmackhaft und damit Sinnbild der Natur, schlicht und einfach: Südtiroler Qualitätssiegel.
Viel Spaß beim Nachkochen und Genießen wünscht Ihnen

Hans Berger
Landeshauptmannstellvertreter
Landesrat für Landwirtschaft
Landesrat für Tourismus

Vorwort

Liebe Kastanienfreunde/-innen und -genießer/-innen!

Als vor ein paar Jahren bei einem heiteren Gespräch in einer Tisner Runde die Idee geboren wurde, ein Kastanienkochbuch zu schreiben, wollte ich als Koch diese Herausforderung unbedingt annehmen.
Edelkastanien werden in Südtirol immer noch klassisch beim Törggelen, in Kombination mit deftigen Gerichten und gutem Wein, genossen.
Die Gastronomie – und mit diesem Kochbuch hoffentlich auch Sie liebe Leserinnen und Leser – präsentiert im Herbst immer mehr köstliche Kastaniengerichte auf ihren Speisekarten und verfolgt konsequent den Weg der Präsenz von Südtiroler Qualitätsprodukten. Und ein Qualitätsprodukt ist sie fürwahr, die Edelkastanie. Von den Südtirolern liebevoll »Keschtn« genannt, läutet sie mit der Zeit des Törggelens auch die ruhigen und gemütlichen Tage des Jahres ein.
Schon lange bevor die Kartoffel durch Christoph Kolumbus nach Europa eingeführt wurde, waren Edelkastanien ein wichtiges und gesundes Grundnahrungsmittel unserer Bevölkerung. Ob ihrer Inhaltsstoffe wertgeschätzt, mundet die Kastanie nicht nur fein in den verschiedenen Zubereitungsarten, sie ist auch leicht verdaulich. Aber lesen Sie mehr in den vielen Informationen rund um Kultur und Tradition des Kastanienanbaus, welche Christoph Gufler für Sie verfasst hat.
Mein Bemühen war es, Ihnen eine Vielfalt und runde Auswahl an verschiedensten Kastaniengerichten zu präsentieren. Von der Vorspeise wie »Kastanien-Sellerie-Zwiebelchutney zum rosa gebratenen Wild« über Hauptspeisen wie »Hirschmedaillons mit Kastanienkruste« und vielen Beilagen bis zu Desserts wie »Glasierte Kastanien und Trauben in Krapfenteig gebacken« können Sie sich und Ihre Lieben mit Keschtn bekochen. Auch Kochanfänger können sich an die Rezepte wagen, alle Schritte wurden in chronologischer Reihenfolge genau beschrieben.
Und was machen Sie, wenn sich die Kastaniensaison zu Ende neigt und bei Ihnen die Lust darauf erst richtig entfacht wurde? Kein Problem, Kastanien bekommen Sie rund ums Jahr als Püree oder getrocknet, geschält und tiefgefroren im Lebensmittelhandel – zeitlich sind Ihnen also keine Grenzen gesetzt!
In diesem Sinne wünsche ich Ihnen gutes Gelingen Ihrer Kastaniengerichte und fröhliche Keschtn-Abende mit Ihren Lieben.

Ihr
Manfred Ziernheld
Koch und Buchautor

Kein anderer Baum prägt unsere Kulturlandschaft so nachhaltig wie die Edelkastanie. *(Aufn. Christoph Gufler)*

Im Kastanienland

Christoph Gufler

Die »*Anima*«, die Seele Südtirols ist die enge Verquickung von Natur und Kultur, von Landschaft und Kunst. Jeder Quadratmeter des bebaubaren Bodens musste in jahrtausendelangem Kampf gegen die Naturgewalten erobert und behauptet werden. Bis an die Waldgrenze hinauf wurde der karge Boden fruchtbar und nutzbar gemacht und er ist es bis heute geblieben. Doch damit nicht genug. Die ganz besondere Leistung dieser Menschen in den Bergen besteht darin, dass sie sich nicht mit dem Nützlichen und Notwendigen begnügen. Sie schafften es im harten Existenzkampf auch noch der Schönheit Raum zu geben. Die Kirchen und Klöster mit ihren kostbaren Wandgemälden und gotischen Altarschreinen, die zahlreichen Burgen, Schlösser und Edelsitze, die geschlossenen Reihen der Bürgerhäuser in den heimeligen Städten und ganz gewiss nicht zuletzt die hohe Qualität der bäuerlichen Architektur sind bis heute beredter Ausdruck davon.

Am stärksten spürbar wird diese Harmonie von Natur und Kultur im Kastanienland. Überall dort, wo die mächtigen, weich modellierten Kronen der Edelkastanien die Landschaft prägen, ist die Schönheit zu Hause. Josef Weingartner hat dies einmal anlässlich einer Wanderung ins Mittelgebirge von Tisens, dem Kastanienparadies des Etschlandes, folgendermaßen in Worte gekleidet: »... und hinauf auf das Tisner Mittelgebirge, das von seinen vielen sich überschneidenden Kuppen so wundervoll belebt und gegliedert wird und das die energisch vorspringende Nase des Gantkofels mächtig überragt. Nie ist dieser Blick schöner als im Spätherbst, wenn die gilbenden Kastanienbäume die ganze Landschaft mit einem goldigen Schimmer überhauchen und die weichen Linien der einzelnen

Hügel sich duftig abgetönt voneinander abheben. Aber es ist nicht nur die Natur allein, die hier zu uns spricht – was von der Südtiroler Landschaft ganz allgemein gilt, kommt einem hier ganz besonders stark zum Bewusstsein: zahlreiche interessante Baudenkmäler, stolze Burgen und entzückend gelegene Hügelkirchen beleben das Bild und bewirken, dass auch die Landschaft selber von Geschichte und Kultur geradezu trächtig erscheint«.

Und es ist kein Zufall, wenn auch der zweite großen Chronist unserer Heimat, Josef Rampold, zu einer ganz ähnlichen Schlussfolgerung gelangt: »Ich weiß da einen Weg, der die Verschwisterung von Nord und Süd so schön zeigt wie kaum ein anderer im Eisacktal. Wie es im Etschtal beim Hügel von Castelfeder ist, so ist es hier bei Feldthurns der Atem ältester Zeit, der uns umweht. Diese großen Formen sind reines Arkadien, sind die Linien einer klassischen Landschaft. Was wäre Feldthurns ohne seine Kastanienkronen! Diese Bäume sollten hier Ehrenbürgerschaft genießen, sie sind die Wahrzeichen dieser Landschaft.«

Charakterbaum der Südtiroler Kulturlandschaft

Was wäre Südtirol ohne seine Kastanienhaine, welche wie ein golddurchwirkter Saum das Etsch- und Eisacktal begleiten und den Mittelgebirgsterrassen von Brixen bis zum Ritten und von Schlanders bis Salurn Gestalt und Format verleihen? Um wie viel ärmer würden sich die Talhänge mit ihren alten Höfen, kirchdachgroßen Weinbergen, sonnenwarmen Trockenmauern und uralten Steinplattenwegen präsentieren ohne den königlichen Schmuck der mächtigen Kastanienkronen? Wie nackt und ohne Konturen stünden die mulden- und kuppenreichen Hochplateaus mit ihren Dörfern und Weilern da, ohne diese imposanten Baumriesen, die einzeln an Höfen und Wegen oder als Kastanienwald über und neben den Siedlungen die Landschaft prägen?

Die Edelkastanie ist der Charakterbaum der Südtiroler Kulturlandschaft schlechthin. Was der Ölbaum für die Toscana und die Zypresse für den Gardasee, das ist die Edelkastanie für das südliche

Impressionen am Kastanienlehrpfad in Völlan bei Lana *(Aufn. Christoph Gufler)*

Im südlichen Eisacktal mit Blick ins Schlerngebiet *(Aufn. Christoph Gufler)*

Tirol, nämlich Signatur und Qualitätssiegel für einen in vielen Jahrhunderten gewachsenen, kostbaren Lebensraum.

Seit 3000 bis 4000 Jahren hier beheimatet, erlebte die Kastanie zuerst während der Römerzeit, vor allem aber dann im Zuge des systematischen mittelalterlichen Siedlungsausbaues eine starke Entwicklung. Die Anlage zahlreicher neuer Höfe und der sprunghafte Anstieg der Bevölkerung förderte ab dem 12. und 13. Jahrhundert eine nahezu flächendeckende Verbreitung der Kastanie in den südlichen Talschaften des Landes. Dies bezeugen zahlreiche Erwähnungen von Kastanienbäumen und deren Früchte in Urkunden, Abgabenverzeichnissen und Rechnungsbüchern adeliger und geistlicher Grundherren.

Zwischen der Talsohle und den oberen Mittelgebirgslagen, also bis etwa 900 Meter Meereshöhe, gab es im Etsch- und Eisacktal wohl kaum einen Hof, der nicht über etliche Kastanienbäume verfügte oder gar einen ganzen Kastanienhain sein Eigen nennen konnte. So ist die Edelkastanie bis zum heutigen Tag ein integrierter Bestandteil des bäuerlichen Wirtschaftens geblieben. Die Früchte der wilden oder veredelten Bäume stellen eine willkommene Ergänzung des bäuerlichen Speisezettels dar und haben schon seit Langem auch Eingang in die Gastronomie gehalten, das Holz findet wegen seiner Widerstandskraft gegen Bodenfeuchtigkeit im Weinbau Verwendung, selbst das Laub wird als Streu für die Viehhaltung genutzt. Nicht zuletzt zählt die Edelkastanie aufgrund ihrer landschaftsprägenden Wirkung zu den wichtigsten Attraktionen für den Südtiroler Fremdenverkehr.

Castanea sativa

Ich weiß nicht, wie es ihnen geht, aber bei mir löst der lateinische Namen der Edelkastanie gleich mehrere Assoziationen aus: Im ersten Teil erinnert er mich an sonnenwarme Felsen, zwischen denen die Kastanie selbstbewusst ihren kargen Platz behauptet, der zweite Teil hat etwas von Fülle und Wohlbefinden an sich.

Kastanienhain bei Lana *(Aufn. Christoph Gufler)*

Wie dem auch sei, fest steht, dass die Edelkastanie, auch Esskastanie genannt, zur Familie der Buchengewächse zählt. Sie kommt vor allem in den Bergregionen Süd- und Westeuropas vor und erreicht eine durchschnittliche Höhe von 20 bis 25 Metern. In Südtirol gibt es zahlreiche Exemplare, die sogar 30 bis 35 Meter hoch sind. Der Stammdurchmesser beträgt ein bis zwei Meter, bei alten Bäumen kann er schon einmal auch drei bis vier Meter groß sein. Typisch für die Castanea sativa ist die weit ausladende Krone, die man etwas poetisch als wolkenförmig bezeichnen könnte. Die Edelkastanie liebt lockere, saure Böden mit hohem Kalium- und Phosphorgehalt, weshalb das rund 30 Kilometer umfassende Reich der Bozner Porphyrplatte von Auer bis Meran und von Ritten und Jenesien bis ins untere Eisacktal zu ihren bevorzugten Standorten zählt, während sie als kalkmeidender Baum im orografisch rechtsseitigen Südtiroler Unterland kaum anzutreffen ist. Gut gedeiht die Kastanie auch auf den granit- und quarzhaltigen Böden um Brixen.

Die Obergrenze der Kastanie liegt bei 900 Metern Meereshöhe, doch steht zwischen Oberinn und Wangen noch auf 1333 Metern ein alter »Keschtnbaum«, der allerdings keine Früchte hervorbringt. Unsere mittlere Jahrestemperatur von 12 Grad Celsius und die warmen Herbstmonate bieten optimale Voraussetzungen für diese wärmeliebende, mediterrane Baumart. Ebenso entspricht die jährliche Niederschlagsmenge von 600 bis 1000 mm sehr gut ihren Bedürfnissen. Stamm und Äste der Jungbäume sind glatt und silbrig grau.

Erst mit zunehmendem Alter bekommen sie ihre uns so vertraute grau-braune, aufgerissene Rinde mit breiten Streifen, die spiralförmig um den drehwüchsigen Stamm laufen. Dieser zählt wie die 20–25 cm langen, gelben, kätzchenähnlichen Blütenstände zu den bekannten Charakteristiken der Edelkastanie. Die Pollen verströmen durch die Bildung von Trimethylamin einen intensiven Duft, der vor allem die Bienen, aber auch 134 weitere Insektenarten anlockt, welche für die erforderliche Bestäubung sorgen. Ein weiteres auffälliges Erkennungsmerkmal der Kastanie sind die 12–20 cm langen und 3–6 cm breiten, gezahnten Blätter. Durch die zunehmende Intensivierung der Landwirtschaft sind die Kastanienbäume zu einem wichtigen Lebensraum für Spechte, Zwergohreulen, Kleiber und verschiedene Singvögel geworden.

Junge Kastanien in Kampen bei Bozen *(Aufn. Christoph Gufler)*

Es muss schon eine besondere Frucht sein, die so geschützt wird. *(Aufn. Christoph Gufler)*

Stachelige Hülle, süßer Kern

So wertvoll die Kastanienbäume für das Landschaftsbild und damit für den Tourismus sind, wie gefragt auch das gerbsäurereiche Holz sein mag, der Hauptgrund, warum die Edelkastanie seit über 1000 Jahren an Etsch und Eisack zu Hause ist, sind die Früchte, die Kastanien. »Von der Schönheit kann man nicht abbeißen, es muss schon auch was tragen«, sagte mir einmal ein (Kastanien-)Bauer. Und sie tragen ja auch, die Südtiroler Kastanienbäume, nämlich köstliche und gesunde Früchte, rund 450.000 kg im Jahr, 10–20 kg pro Baum. Dass es sich bei den Kastanien um ganz besondere Früchte handelt, das erkennt man schon an ihrer ungewöhnlichen »Verpackung«. Welche zweite Frucht kann sich rühmen, von den spitzen Stacheln eines (Kastanien-)Igels geschützt zu werden? Die stachelige Hülle des 6–10 cm großen Igels umschließt in der Regel zwei bis drei dunkelbraune, ins Rötliche spielenden Nüsse. Der Kastanienigel galt übrigens seit der Antike als Symbol der Gebärmutter und auch hierzulande opferte man Stachelkugeln aus Holz als Votivgabe in diversen Wallfahrtskirchen, um Linderung bei Frauenleiden zu erbitten. »Durstigen« Zeitgenossen wurde nachgesagt, dass sie einen »Keschtnigl« im Magen haben: Wenn er nicht (im Wein) schwimmt, dann sticht er.

Doch der Kastanienigel ist nur eine der insgesamt drei Schutzhüllen, welche den eigentlichen essbaren Kern umgeben. Die zweite ist die ledrige, glänzend braune Schale, die dritte eine fein behaarte Haut, welche die gelbe harte Frucht umgibt. Nachdem nun alle Hüllen gefallen sind, gilt es zu prüfen, ob der Inhalt der aufwendigen Verpackung gerecht wird. Er tut es: Die Kastanie schmeckt vorzüglich, sie ist nahrhaft und noch dazu als rein biologisches, unbehandeltes Produkt sehr gesund. Der hohe Anteil an Kohlenhydraten, Stärke und Saccharose ist sowohl für den süßen Geschmack als auch für den hohen Nährwert verantwortlich. Nicht umsonst bezeichnete der Volksmund die ehedem beliebte »Keschtnsupp« als Kraftsuppe, die an jedem Fastentag, einschließlich des Heiligen Abends, auf den Stubentisch kam. Dabei ist die Kastanie fett- und kalorienarm, während der Gehalt an für den Menschen essenziellen Aminosäuren ungewöhnlich hoch ist. Weitere wertvolle Inhaltsstoffe sind die Vitamine A, B1, B2 und C sowie Kalium, Phosphor, Magnesium und Kalzium. Kastanien zählen zu den wenigen basenbildenden Nahrungsmitteln, welche eine wichtige Ergänzung zur meist übersäuerten Alltagsnahrung darstellen. Die Kastanie ist übrigens glutenfrei, sodass ihr Mehl von Zöliakie-Patienten als Getreideersatz verwendet wird.

100 Prozent Natur: Die Kastanie zählt zu den wenigen gänzlich unbehandelten Lebensmitteln. *(Aufn: Keschtnriggl/Frieder Blickle)*

Zum beliebten Törggelen gehören gebratene Kastanien unbedingt dazu. *(Aufn: Keschtnriggl/Frieder Blickle)*

Alte Freunde

Es gibt Wege, zu denen kehrt man immer wieder zurück, wie zu einem liebgewordenen Menschen. Gestern habe ich so einen alten Freund wieder einmal besucht. Es ist einer dieser Wege, die nicht so viel begangen werden. Dazu ist er zu bescheiden. Als touristisches Highlight ebenso wenig geeignet wie als Event-Kulisse.
Obwohl, wenn ich so nachdenke: Da der alte Hof mit seiner steinernen Freitreppe, dem spitzbogigen Eingangsportal und der getäfelten Stube, kein Museum, sondern lebendige Geschichte – wie nicht nur der Misthaufen daneben zeigt –, weiter oben noch ein Stück der alten Wegpflasterung, auf der die Bewohner des höher gelegenen Dorfes jahrhundertelang hinunter ins Tal und wieder herauf gegangen sind, den ganzen Weg entlang tausende Quadratmeter jener aus unzähligen Steinen zusammengefügten Trockenmauern, wie sie heutzutage kein noch so teurer Landschaftsgärtner mehr zustande bringt, und dann, als Krönung sozusagen, immer wieder prachtvolle Kastanienriesen, alte Veteranen, die zusammen mit der Kaiserin Maria Theresia jung waren, eigentlich sind das doch alles seltene, ganz einzigartige Kostbarkeiten, die in ihrer Summe und im Verein mit der herrlichen Landschaft ohne Weiteres als Weltkulturerbe bezeichnet werden oder als achtes Weltwunder durchgehen könnten. Eigentlich müsste man ja Eintritt bezahlen, um hier gehen zu dürfen. Aber das werde ich meinem Freund, dem Eventmanager unten in der Stadt sicher nicht sagen.
Mein Weg ist Teil des »Keschtnweges«, der über die Sonnenhänge des Eisacktales von Brixen bis nach Bozen führt. Oder besser gesagt, er ist einer der vielen »Zubringer« zum »Keschtnweg«, denn dieser verläuft oben auf der Mittelgebirgsterrasse.

Alter Steinplattenweg in Seit bei Leifers *(Aufn. Christoph Gufler)*

Aber davon ein ander Mal. Mein Weg mündet nach der letzten schattigen Kehre in eine weite Wiesenfläche, an deren oberem Rand sich Haus und Stadel in eine sanfte Mulde ducken. Ja, die Alten hatten noch nicht unseren Drang nach oben, sie zogen es vor, von Wind und Wetter geschützt zu sein. Vor dem Haus steht ein »keschtbamener« Tisch und darauf stellt die Bäuerin ein Krügel Wein, der im steilen Acker unter dem Hof gewachsen ist, und dazu bringt sie ein Stück weiß-roten Speck, der die holländische Tiefebene garantiert nie gesehen hat. Weit geht der Blick hinunter ins enge Tal und bleibt dann an den üppigen Kronen der Kastanienbäume am Wiesenrand hängen.
Es ist gut, bei alten Freunden zu sein.

Törggelen gian

Die Überschrift zu diesem Kapitel wurde mit Bedacht gewählt. Denn Törggelen, richtiges Törggelen, ist ein Gesamtkunstwerk und das muss man sich, wie alles wertvolle im Leben, erarbeiten. In unserem Falle dadurch, dass man nicht mit dem Straßenkreuzer bis vor die Haus- pardon Kellertür vorfährt, sondern indem man sich auf den bevorstehenden Genuss mit einer richtigen Wanderung geistig und körperlich vorbereitet. So entspricht es ja auch dem Ursprung dieses beliebten Brauches. Törggelen kommt nämlich entgegen anderslautenden Gerüchten nicht etwa davon, dass manche Menschen anschließend etwas unsicher auf den Beinen stehen, sondern von lateinisch *torquere* und gemeint ist damit das Pressen der Trauben. Dafür verwendete man jahrhundertelang ein eigenes Gerät, die Torggl, und nach diesem Gerät war auch der ebenerdige Raum des Weinhofes benannt. Dort fanden sich, wenn der »Nuie(Wein)licht« wurde, wenn also die Gärung des gepressten Rebensaftes abgeschlossen war, Bauern und Bürger ein, um die Güte des letzten Jahrganges an Ort und Stelle zu überprüfen. Mit der Zeit hat sich daraus das heutige Törggelen entwickelt, das, wo es echt und bodenständig betrieben wird, zu den schönsten Erlebnissen zählt, die unser Land zu bieten hat. Josef Weingartner hat auch für diesen alten Brauch die passenden Worte gefunden: »An den Abhängen des Kranebittberges wächst ein vorzüglicher Weiß-

Beim Vogelweider im Lajener-Ried *(Aufn. Christoph Gufler)*

Kastanienhain bei Feldthurns – ein Kulturdenkmal ersten Ranges *(Aufn. Christoph Gufler)*

wein, und im Spätherbst setzen sich zahllose Kolonnen von Brixner Bürgern in Bewegung um den ›Nuien‹ an der Quelle, bei den Weinbauern selber, zu verkosten. Gebratene Kastanien, Nüsse und das harte Brot, das nur ein paarmal im Jahr gebacken wird, passen trefflich zur rassigen Säure des grüngoldenen Weines. Schon der Hinweg in der milden Nachmittagssonne hat seinen eigenen Reiz. Die untermauerten Weinbergterrassen, die Edelkastanien, der Blick hinab ins freundliche Tal, auf die alte Stadt oder auf das malerische Kloster Neustift, das grobe Kugelpflaster des Weges – das alles gehört unbedingt zu einer richtigen Törggelepartie. Noch schöner ist dann der Heimweg, womöglich im Mondenscheine, wenn die oft recht neckischen Geister des Weines ihr Spiel treiben. Bis heute sind die alten Weinhöfe an den Seitenrändern und auf den Mittelgebirgsterrassen des Eisacktales das klassische Törggelegebiet Südtirols geblieben, wenngleich man natürlich auch im Etschtal gut ›törggelen gian‹ kann. In der getäfelten Stube oder draußen unter dem Nussbaum wird wie eh und je ein ehrlicher Eigenbau aufgeschenkt, der Speck präsentiert sich in den (Süd-)Tiroler Landesfarben rot und weiß und das Wichtigste, die köstlich schmeckenden Kastanien dürfen natürlich auch nicht fehlen.«

NALS MARGREID
KELLEREI · CANTINA

Wein aus dem Kastanienland

»A Kescht, a Glasl«, so lautet ein alter Spruch im Etschland, den man heute noch ab und zu hören kann. Wer sich an diese Empfehlung hielt, von dem hieß es dann: der hat einen Kastanienigel im Magen, wenn der nicht schwimmt, dann sticht er.
Wenn auch beides wohl nicht ganz ernst gemeint war, eines lassen diese Zeugnisse köstlichen Volkshumors eindeutig erkennen: die Kastanie und der Wein gehörten im südlichen Tirol immer schon zusammen wie Bruder und Schwester. Und dies nicht von ungefähr. Schließlich haben die Edelkastanie und die Weinrebe an Etsch und Eisack dieselbe Mutter und denselben Vater. Die eine ist die Wärme und Sanftheit des Klimas, der andere ist der ganz besondere Boden, in dem sie beide verwurzelt sind.
Mikroklima und Terroir nennen das heutzutage die Fachleute und manche von ihnen schwören darauf, dass unsere Weine nur deshalb so gut sind und einen internationalen Preis nach dem anderen einheimsen, weil die Trauben im Anblick der herrlichen Edelkastanien heranreifen. Sie glauben das nicht? Dann sollten sie sich einmal mit einem Weinbauern aus dem Kastanienland zusammensetzen. Am besten bei einem guten Glas Wein und einer Schüssel frisch gebratener Keschtn.
Am engsten mit der Kastanie verbunden ist im Etschland die Kellerei Nals Margreid.
Die beiden Südtiroler Weindörfer haben viel mehr gemeinsam als nur die Nachbarschaft ihrer Anfangsbuchstaben im Alphabet.
Beide waren schon zu einer Zeit besiedelt, als anderswo noch dichter Urwald herrschte.
In Nals baute sich im 1. Jahrhundert nach Christus ein vornehmer Römer eine schicke Villa mit Hallenbad, Fußbodenheizung und allem drum und dran. Oberhalb von Margreid standen jene Schmelzöfen in denen vielleicht schon das Kupfer für Ötzis Streitaxt hergestellt wurde.
Auch in den späteren Jahrhunderten fühlten sich die Menschen hier wohl. Margreid hat eines der schönsten historischen Ortsbilder Südtirols aufzuweisen, dafür ist Nals von einem ganzen Kranz von mittelalterlichen Burgen umgeben.
Die Grundlage für all das war in beiden Orten der Wein.
Schon im 16.Jahrhundert wird der »fette Nalser« zu den besten Lagenweinen des Landes gezählt und wenig später meint Marx Sittich von Wolkenstein in seiner um 1600 verfassten Landesbeschreibung (die Nachbarn mögen es verzeihen): »Mit der Fruchtbarkeit ist Nals dem Dörfel Andrian gleich, allein es hat viel mehr und besseren Wein.« Die Weine in Margreid sind laut Wolkenstein sowieso »alle gut und bringen wohl Gewinn«.
Auch Johann Jakob Staffler ist in seinem 1846 erschienen Standardwerk über Tirol und Vorarlberg voll des Lobes über unsere beiden Weindörfer: »Der Wein gedeiht in vorzüglicher Güte, weil der Sonnenreflex von den abwärts ziehenden Felswänden die vollkommenere Reifung der Traube ungemein befördert«, heißt es da über Margreid, weshalb dieser Ort auch »die Heimat wohlhabender Weinhändler ist« und »der beliebte rothe Nalserwein« war anscheinend schon im 19. Jahrhundert landesweit ein Begriff.
Heute vereint die Kellerei Nals Margreid die schönsten Weingüter längs der berühmten Südtiroler Weinstraße, deren Anfang und Ende die beiden Weindörfer markieren.
Das Herzstück der Kellerei ist der 2011 neugestaltete Betriebssitz, dessen ebenso funktionale wie qualitätsvolle Architektur sich selbstbewusst in das schöne Ensemble des Nalser Dorfkernes einfügt.
140 Weinbauern bearbeiten 150 Hektar Rebfläche, was mehr als alles andere über die Vielfalt, den Charakter und die Authentizität der darauf erzeugten Weine aussagt.
Denn für den Wein gilt das in ganz besonderem Ausmaße, was für unser ganzes Land zutrifft und wofür die Edelkastanie, dieser Freiherr unter den Bäumen, geradezu das Symbol darstellt: Für viel ist Südtirol zu klein. Und zu kostbar. Für besser gerade recht.

Josef Weingartner

(A. Steger)

Luis Oberrauch

(aus »Schau ich in mein Land«)

Josef Rampold

(Dolomiten-Archiv)

Keschtnväter

So nannte man die alten, riesigen Kastanienbäume, welche wie Relikte aus längst vergangenen Zeiten da und dort trutzig und wohl auch ein wenig trotzig am Rande der alles überwuchernden Obstplantagen stehen. Von ihnen war schon auf den vorangegangenen Seiten die Rede. Die »Köschtväter«, die ich ihnen zum Abschluss dieser Reise durch Vergangenheit und Gegenwart der Südtiroler Kastanien vorstellen möchte, sind nicht aus Holz, sondern aus Fleisch und Blut, oder waren es, denn etliche davon sind schon eingegangen in die ewigen Kastanienhaine. Sie alle haben in Leben und Werk eine ganz besondere Beziehung zu den Kastanien gehabt. Ich denke da an den Maler Ernst Lösch (1860–1943), dem wir mit seinen »Südtiroler Erinnerungen« das wohl schönste Buch über das Eisacktal zu danken haben, an seinen Berufskollegen Hugo Atzwanger (1883–1960) und an Luis Oberrauch (1907–1992), beides profunde Kenner und feinsinnige Chronisten des Kastanienlandes an Etsch und Eisack, vor allem auch an den unvergesslichen Probst Josef Weingartner (1885–1957), dessen Leben und Werk untrennbar mit unserer Heimat verbunden ist. Von ihm stammen folgende Zeilen, die er heimwehgeplagt während seiner Zeit am Staatsdenkmalamt in Wien niederschrieb und die besser als hundert Bücher die Essenz dessen widerspiegeln, was Südtirol ausmacht: »Auf meinem Schreibtische stand eine Fotografie, auf der ein kümmerlicher Rebenhang, eine Edelkastanie, ein gotischer Bildstock und ein altes Kirchlein zu sehen waren. Nie sonst in meinem Leben habe ich ein Bild so oft und mit so inniger Sehnsucht angesehen wie diesen stimmungsvollen Ausschnitt aus dem Eisacktal.«
Weingartner ähnlich in der Fülle des Wissens und in der tiefen Verbundenheit mit Land und Leuten war Josef Rampold (1925–2007), in dessen zahlreichen Tirolensien die Edelkastanie immer wieder einen Ehrenplatz einnimmt. In der neueren Zeit kann nicht von den Kastanien die Rede sein, ohne Siegfried de Rachewiltz und sein Standardwerk »Kastanien im südlichen Tirol« zu nennen (1992). Nachdem er darin alles Wissenswerte über die Südtiroler Kastanienkultur mitgeteilt hat, schickt er drei Raben auf eine Reise durch das bedrohte Kastanienland, mit dem Ergebnis: »Die Menschen werden die Bäume haben, die sie verdienen. Wenn sie kleinlich und engherzig bleiben, werden die königlichen Bäume sie verlassen. Nur was du innigst liebst, ist dein wahres Erbe.«
Um dieses Erbe haben sich neben diesen und vielen anderen »Keschtnvätern« vor allem auch engagierte Forstleute wie Peter Klotz, Martin Schöpf und Herbert Pernstich bleibende Verdienste erworben. Der größte Dank aber gebührt den Kastanienbauern, die ihre »Keschtnbäume« hegen und pflegen.

Im berühmten Kastanienhain von Vahrn *(Aufn. Christoph Gufler)*

Sanierte Kastanienbäume in Labers bei Meran *(Aufn. Christoph Gufler)*

Die Kastanienbäume sterben – na und?

Unter diesem bewusst provokanten Titel stand eine landesweite Tagung, welche vor nunmehr fast zwanzig Jahren im Südtiroler Obstbaumuseum in Lana stattfand.
Damals schien es nur mehr eine Frage der Zeit zu sein, bis die letzten »Keschtnbäume«, angefressen von einer heimtückischen Krankheit und kaum mehr beachtet von den Eigentümern, aus unserem Landschaftsbild verschwinden würden. Das Bewusstsein, wie viel Geschichte und Tradition, vor allem aber wie viel landschaftliche Schönheit und welch kostbares landwirtschaftliches Qualitätsprodukt dadurch für immer verloren sein würde, war der Anlass zu dieser Rettungsaktion in letzter Minute.
Das unerwartet große Echo, welche die gemeinsam mit dem Landesassessorat für Land- und Forstwirtschaft und dem Südtiroler Beratungsring für Obst- und Weinbau organisierte Tagung bei Fachleuten und Landwirten fand, veranlasste die Landesforstbehörde zu einer beispiellosen Kraftanstrengung, bei der im Etsch- und Eisacktal binnen weniger Jahre über 30.000 kranke Bäume saniert wurden. Besondere Verdienste hat sich dabei vor allem Dr. Peter Klotz als Leiter der Sanierungskampagne erworben.
Nun galt es, die Wertschätzung für diesen landschaftsprägenden Baum wieder stärker im kollektiven Bewusstsein zu verankern. Einen wesentlichen Beitrag dazu leistete die noch im Tagungsjahr 1992 erschienene Arunda »Kastanien im südlichen Tirol« von Siegfried de Rachewiltz. 1993 folgten die Herausgabe des Tagungsberichtes durch das Südtiroler Obstbaumuseum und verschiedene Veröffentlichungen in Zeitungen und Zeitschriften, Rundfunk und Fernsehen. 1997 wurde im Eisacktal der Verein »Keschtnrunde« gegründet, der unter seinem Vorsitzenden Norbert Blasbichler gemeinsam mit anderen Kastanienfreunden, darunter den Feldthurnser Unterwirt und Fremdenverkehrspionier Franz Tauber, mit dem »Keschtnigl« eine viel beachtete Veranstaltungsreihe startete. Wenig später wurden die Kastanientage in Lana, Völlan und Tisens ins Leben gerufen, welche von Anfang an ebenfalls ein voller Erfolg waren. Am 9. März 2001 erfolgte die Gründung des »Vinschgauer Kastanienvereines« mit Paul Kofler als Obmann, dem sich 2006 eine weitere Kastanienbauernvereinigung im

Der Kastanienbauer Hans Laimer *(Aufn. Hans Laimer)*

Burggrafenamt (Obmann Hanspeter Reiterer) und 2011 eine ebensolche im Eisacktal anschloss. Auch der Eisacktaler Kastanienweg und der Kastanienerlebnisweg in Völlan sind wertvolle Botschafter für die Kastanienkultur. Heute kann mit Freude festgestellt werden, dass sich die Edelkastanie im südlichen Tirol nicht mehr auf dem Todesmarsch befindet, sondern dank des Einsatzes von Bauern, Forstbeamten, Tourismustreibenden und Kastanienfreunden auch für unsere Kinder erhalten bleiben wird.

Hanspeter Reiterer: Obmann der Burggräfler Kastanienbauern *(Aufn. Christoph Gufler)*

50.000 Kastanienbäume

Die Zahlen schwanken zwar etwas, aber insgesamt gibt es in Südtirol an die 50.000 Kastanienbäume. Das ergibt bei rund 500.000 Einwohnern immerhin einen »Keschtnbaum« auf zehn Südtiroler. Nicht schlecht, finden Sie nicht? Der Haken dabei ist, dass fast zwei Drittel der knapp 50.000 Bäume von der Forstbehörde als krank eingestuft wurden. Hauptsächlich ist es der gefürchtete Kastanienrindenkrebs, der den vielfach überalterten Kastanienbeständen arg zusetzt. Diese Pilzerkrankung wurde um 1938 aus Amerika eingeschleppt, wo sie zum völligen Aussterben der Kastanie geführt hat. Auch bei uns in Südtirol schaute es bis herauf in die 90er-Jahre des 20. Jahrhunderts nicht gut aus. Dank der landesweiten Sanierungsmaßnahmen der Forstbehörde, bei der in den letzten fünfzehn Jahren über 30.000 befallene Bäume fachkundig behandelt wurden, konnte der Kastanienrinden-

Kastanienriese oberhalb von Prissian *(Aufn. Christoph Gufler)*

Einer der schönsten Kastanienhöfe unseres Landes: der Moar am Turm in Grissian *(Aufn. Christoph Gufler)*

krebs stark zurückgedrängt werden. Trotzdem ist der Fortbestand der Kastanienkultur in Südtirol damit noch nicht definitiv gesichert.
Ein Großteil der Bäume ist hundert bis zweihundert Jahre alt. Dringend erforderlich sind deshalb gezielte und flächendeckende Neuanpflanzungen. Solche werden erfreulicherweise in den letzten Jahren wieder verstärkt durchgeführt. Die Forstbehörde, welche sich große Verdienste um die Südtiroler Kastanienkultur erworben hat, stellt den Kastanienbauern zu diesem Zweck 1500 bis 2000 Bäumchen im Jahr zur Verfügung.
Insgesamt weist die amtliche Statistik in Südtirol 1905 Besitzer von Kastanienbäumen aus. Das ergibt 26 »Keschtnbäume« pro Hof. Mehr als die Hälfte der Kastanienbauern und rund ein Drittel des Bestandes befindet sich im Eisacktal. Es folgen die Gegend um Meran mit ca. 400 Eigentümern und 10.000 Bäumen und die Umgebung von Bozen, einschließlich des Unterlandes, mit 200 Besitzern von insgesamt ebenfalls rund 10.000 Kastanienbäumen. Im Vinschgau betreuen 200 Landwirte an die 3500 Bäume.
Die Gesamtfläche an Kastanienbeständen beträgt in Südtirol etwa 488 Hektar. Da die Kastanie vielfach als Mischkultur im Laubwald anzutreffen ist, wird auch die Zahl 650 Hektar genannt. Im Mittel stehen der Edelkastanie 2400 Quadratmeter pro Hof zur Verfügung. Im Durchschnitt werden pro Baum 10–15 kg Kastanien geerntet. In gepflegten Kastanienhainen beträgt der Ertrag auch 20–30 kg. Einzelne besonders große freistehende Bäume liefern aber auch über 100 kg Kastanien.
Jedes Jahr werden in Südtirol 448 Tonnen, also rund 500.000 kg Edelkastanien geerntet. Bei einem durchschnittlichen Verkaufspreis ab Hof von 5 Euro pro Kilogramm ergibt das eine Summe von rund 2,5 Millionen Euro. Durch den Befall von Kastanienbäumen durch die Gallwespe muss für die nächsten Jahre ein Rückgang der Erntemengen befürchtet werden. Es wurden jedoch bereits wirksame Gegenmaßnahmen eingeleitet.

Lauter (Baum-)Denkmäler

»Die schönsten und zahlreichsten Baumdenkmäler unseres Landes sind Edelkastanien«, wurde amtlicherseits festgestellt und die Begründung dazu gleich mit geliefert: »Dieser Baumart gebührt in landschaftlicher Hinsicht zweifellos ein Spitzenrang. Unverkennbar zeigt sie den südlichen Charakter unserer Heimat an. Ein alter ›Keschtnbaum‹ ist von unvergleichlicher Schönheit: der drehwüchsige Stamm mit der furchigen Rinde, die kraftvollen, weit ausladenden Äste, die großen gezähnten Blätter, das Blütenmeer der langen, gelblichen Kätzchen und schließlich die stacheligen Igel mit ihrem köstlichen Inhalt. Dabei gibt es kaum einen Baum, der eigensinniger dahinwächst als so eine Edelkastanie; das ist ihr großes Wunder: jeder Ast und jeder Trieb geht die verrücktesten Wege und doch wirkt dann dieses ganze Geäst wie eine einzige große Symphonie der Linien. Man muss sie sehen, diese feinen schwarzen Striche, man muss sie sehen vor dem milchigen Weiß einer dicken Nebelwand oder vor der untergehenden Sonne; erst da offenbart sich die Stimme dieser schönen Bäume, von denen man gar nicht sagen kann, ob sie im Kleid ihres gezackten Laubes schöner sind oder als winterliches Skelett. Jeder dieser Bäume ist eine Welt für sich, ein Kosmos voller Wunder und Geheimnisse.« (Josef Rampold – Gespräch über Bäume) Unter den Edelkastanien gibt es urtümliche Gesellen, Baumriesen sozusagen, wie der »Keschtnbaum« beim Steger auf Labers mit seinen elf Metern Stammumfang und sein nicht minder mächtiger Bruder beim Lott in Schenna. Wahre Patriarchen an Alter und Habit stehen auch auf der gegenüberliegenden Talseite in Völlan, Naraun, Tisens, Prissian und Grissian, dem Kastanienparadies des Etschtales. Auch rund um den Bozner Talkessel haben sich am Rande der berühmten Weinleiten einzelne Exemplare von besonders prächtigen Kastanienbäumen erhalten, so auf Partschun in Signat, beim Maggner in der Sarner

Die Kastanienbäume verleihen der Landschaft einen Hauch von südlicher Exklusivität. *(Aufn. Christoph Gufler)*

Was der Ölbaum für die Toscana, das ist die Edelkastanie für das südliche Tirol. *(Aufn. Christoph Gufler)*

Kastanienweg bei Villanders *(Aufn. Christoph Gufler)*

Was wäre die Landschaft um Brixen ohne die Kastanienhaine? *(Aufn. Christoph Gufler)*

Schlucht, auf Seit und Breitenberg bei Leifers, auf Kampenn und selbst noch hoch oben beim Gugg in Afing. Nicht minder imposant präsentieren sich die altehrwürdigen Kastanienhaine im Eisacktal, um Barbian, Villanders, Feldthurns, Vahrn und im Lajener Ried. Die »Keschtnväter« beim Pairer in Villanders und neben dem Ansitz Lusenegg ober Klausen zählen zu den ältesten Exemplaren des Landes, die in ihrer Jugend vielleicht schon Kaiser Maximilian ins Land reiten sahen. Tatsächlich wird das Alter dieser über das gesamte Kastanienland verstreuten Kastanienrecken auf 400 bis 500 Jahre geschätzt. Allesamt sind sie Denkmäler einer versunkenen Zeit, in der der Mensch noch im Einklang stand mit der Natur und wo langfristige Nützlichkeit höher eingeschätzt wurde als flüchtiger Gewinn.

Ein besonderes Holz

Das Holz der Edelkastanie zeichnet sich vor allem durch seine Langlebigkeit und Witterungsresistenz aus. Aufgrund des hohen Anteiles an Gerbsäure (Tannin) widersteht es Feuchtigkeit weit länger als andere Hölzer. Auch nach fünfzig Jahren weist es keine Fäulnisbildung auf. Deshalb wird es seit jeher überall dort eingesetzt, wo diese Eigenschaften besonders gefragt sind. Jüngste Untersuchungen haben ergeben, dass die bronzezeitlichen Pfahlbauten im Ledrosee mit dem Holz der Kastanie errichtet wurden. Auch beim Schiffsbau gelangte es zum Einsatz.

Im südlichen Tirol ist das Kastanienholz untrennbar mit dem Weinbau verbunden. Bereits die alten Räter verwendeten die »keschtbamigen« Säulen für den Aufbau des Rebgerüstes. Dabei ist es bis heute geblieben. Immer noch bilden die extrem haltbaren Pfähle aus Kastanienholz die tragenden Stützen der Reben, die im Burggrafenamt als Pataun und im übrigen Weinland als Pergel bezeichnet werden.

Der berühmte Flügelaltar von Hans Schnatterpeck in Lana soll aus dem Holz der Kastanie geschnitzt sein. *(AthesiaImages/Tappeiner)*

Aber auch bei den modernen Gerüstformen gelangen weiterhin Pfähle aus Kastanienholz zum Einsatz, auch wenn sie bedauerlicherweise zunehmend durch Betonsäulen ersetzt werden.
In Anbetracht der erfolgreichen Bemühungen der Südtiroler Weinwirtschaft, hochklassifizierte Spitzenweine zu erzeugen, wäre eine Rückbesinnung auf die alte Tradition sehr zu empfehlen. Dadurch würde die Authentizität des Südtiroler Weines weiter erhöht und zugleich ein Beitrag für die Erhaltung der Kulturlandschaft geleistet. Und länger als fünfzig Jahre halten die unansehnlichen Betonsäulen auch nicht ...
In diesem Zusammenhang darf ein Hinweis auf die in früheren Zeiten weitverbreitete Verwendung des Kastanienholzes zur Herstellung von Weinfässern nicht fehlen. Seine ungewöhnliche Haltbarkeit führt dazu, dass das Kastanienholz auch für Zäune, Dachbalken, Fenster- und Türrahmen und im Freien verlegte Holzroste zum Einsatz gelangt, während der warme, goldbraune Ton es im Hausinneren als Decken- und Wandverkleidung, Fußböden und Möbel beliebt macht. Kastanienholz ist leicht zu bearbeiten und auch im Freien ohne chemische Behandlung witterungs- und fäulnisbeständig.
Ein weiterer Vorzug ist die völlige Pilz- und Wurmresistenz. Da der Faserverlauf meist gerade ist, kann es verhältnismäßig gut gebogen werden. Es nimmt Politur, Beize, Lack und Farbe gut an. Dies mag mit ein Grund sein, warum Kastanienholz einst zur Herstellung von Beichtstühlen und Predigtkanzeln in unseren Kirchen verwendet wurde und sich auch bei Schnitzern und Bildhauern großer Beliebtheit erfreut(e). Nicht wenige bedeutende Werke der Kunstgeschichte verdanken ihre Entstehung dem edlen Holz der Kastanie.

Kastanien am Ritten *(Aufn. Christoph Gufler)*

Reich gegliederte Mittelgebirgslandschaft bei Feldthurns *(Aufn. Christoph Gufler)*

Kostbare Früchte, wertvolle Bäume

Manche unserer »Keschtnwaldelen« sind so alt wie die Siedlungen darunter und daneben – mit ihren rätisch klingenden Namen Tiss und Tötschling, Glaning und Galsaun, Völlan und Vezzan, Seit und Signat, Kortsch und Kampenn. Und tatsächlich werden wohl schon die Gründer dieser Dörfer die schmackhaften Früchte der (wilden) Kastanien nicht verschmäht haben.

In das Licht der schriftlichen Überlieferung treten die »Keschtn« allerdings erst im Mittelalter. »Chestenboum« hieß um 1280 eine Flur bei Riffian, und etwa zur gleichen Zeit tauchen die Kastanien in den Rechnungsbüchern der Tiroler Landesfürsten auf. Seitdem lesen wir immer wieder und allerorten von Hof- und Flurnamen, die sich auf die Kastanie beziehen. Etliche Höfe im Etsch- und Eisacktal tragen die schönen Namen »Keschtbamer« und »Köstenholzer« und der Hinweis auf »Keschtnbam«, »Keschtnwald« und »Keschtnholz« fehlt selten einmal in den alten Hofbeschreibungen und Inventaren. Daraus können wir entnehmen, dass den Kastanien eine ganz besondere Wertschätzung entgegengebracht wurde, etwa wenn 1577 der Oberdorner in Algund gerügt wird, weil er »sechs große Keschtnstäm« gefällt hat oder wenn 1839 der Gerhab (Vormundschaftsverwalter) des Untermayergutes in Marling gerichtlich belangt wird, weil er »den größten Kastanienbaum, der 2 Star (etwa 70 kg) Kastanien abwerfe und auf 100 Gulden geschätzt werde, geschlagen und verkauft habe«. 1637 sicherte der Weinreichbauer seiner Mutter unter anderem »4 Star Keschtn« für ihr Ausgedinge zu. Wie wir aus unzähligen Inventaren wissen, bildeten die Kastanien einen festen Bestandteil der bäuerlichen Verpflegung.

Im Unterschied zu anderen Früchten konnten die »Keschtnkearn« das ganze Jahr hindurch verwendet werden. Beim Noafer in Glaning lagerten 1744 Kastanien im Wert von 15 Gulden, was in etwa jenem von ca. 40 Kilogramm Speck entsprach. Als begehrte »Zuckerlen« wurden in der Pfarre Meran anlässlich des Christi Himmelfahrtsfestes 1559 »Keschtn an Schueler« verteilt. Wie schon erwähnt, verstand man früher keinen Spaß, wenn die kostbaren Kastanien »entfremdet«, also von Unbefugten aufgelesen wurden. So entnehmen wir beispielsweise dem Kastelbeller Gerichtsbuch von 1532, dass vier gestandene Bauersfrauen sogar eingesperrt wurden, weil sie »muetwillig und fräfentlich Kesten unter den Pämen aufgeklaubt haben« und noch im Jahre 1918 geschah es, dass beim Losmann in Signat ein k. u. k. Soldat vom Hofknecht erschossen wurde, weil er Kastanien aufsammelte. In seiner Tasche fand man ganze zwei Kastanien.

Das kostbare Holz der Edelkastanie ist von einer schönen Goldfärbung. *(Aufn: Keschtnriggl/Frieder Blickle)*

Viva la castagna, frutto dolce di montagna

»Es lebe die Kastanie, süße Frucht der Berge«, so beginnt ein Gedicht, das einst den italienischen Grundschülern die Bedeutung der Kastanie vermitteln sollte.

Die »süße Frucht der Berge« ist auch bei uns schon seit vielen Jahrhunderten, wenn nicht seit Jahrtausenden begehrt und geschätzt. Bis ins 17. und 18.Jahrhundert, als die aus Amerika eingeführte Kartoffel ihren Siegeszug antrat, galt die Kastanie als »Brot der Armen« und als Leckerbissen der Reichen.

In den spätmittelalterlichen Inventaren Tiroler Burgen gehört die »Keschtnpfann« zum festen Bestandteil der Kücheneinrichtung. Umso weniger wird sie am Bauernhof gefehlt haben, wie ja auch die Figur der Kastanienbraterin auf öffentlichen Plätzen weit in die Vergangenheit zurückreicht. Eine solche wurde in Bozen bereits 1569 aktenkundig, weil sie nämlich einem »zuwiederen« Zeitgenossen drohte, die heiße »Keschtnpfann« an den sturen Schädel zu werfen. Bis zum heutigen Tag wird es wohl kaum einen Südtiroler Haushalt geben, der ohne »Keschtnpfann« oder deren moderne Weiterentwicklung auskommt, und der Satz »Heint tian mir Keschtn brotn« lässt nach wie vor nicht nur die Kinderherzen höher schlagen. Gebratene Kastanien gehören zum Südtiroler Herbst einfach dazu. Der alte Spruch »Drei Keschtn, a Glasl (Wein)« findet heute allerdings nur mehr selten Anwendung. Ebenso erfreuen sich die Kastanienkrapfen bei Jung und Alt einer ungebrochenen Beliebtheit, während die einst allwöchentlich am Freitag zubereitete Kastaniensuppe inzwischen von der Alltagskost zur kulinarischen Spezialität aufgestiegen ist, ein Schicksal das dem einst begehrten süßen Kastanienmus wohl noch bevorsteht. War und ist das Kastanienbraten auf den Herbst beschränkt, so gelangten die gesottenen Kastanien den ganzen Winter hindurch auf den Küchentisch. Aufgrund ihrer Haltbarkeit diente

Bei Feinschmeckern begehrt: der Kastanienhonig

(Aufn: Keschtnriggl/Frieder Blickle)

Hildegard von Bingen und die Kastanie

Die Äbtissin Hildegard von Bingen (1098–1147/50) gilt als eine der großen Mystikerinnen des deutschen Mittelalters. Heute noch oder besser gesagt heute wieder bekannt ist die Benediktinerin aufgrund ihrer naturkundlichen Forschungen, die zahlreiche Volksheilmittel und Behandlungsmethoden hervorbrachten. Sie verfasste ein eigenes Traktat »De Kestenbaum«, worin sie die heilkräftige Wirkung der Edelkastanie beschreibt. Demnach strömt vom Kastanienholz und dem Duft des Kastanienbaumes eine heilende Kraft aus. Gekochte Kastanien helfen gegen Kopfweh und Magenbeschwerden, rohe stärken das Herz, zerkleinerte und mit Honig vermengte Früchte heilen die Leber, geröstete tun der Milz gut. Ein Schwitzbad aus dem Sud von Kastanienblättern, Rinden

Rissiger Stamm – zarte Blätter *(Aufn: Keschtnriggl/Frieder Blickle)*

die Kastanie viele Jahrhunderte lang auch als Brotersatz. Marx Sittich von Wolkenstein schreibt in seiner Landesbeschreibung aus der Zeit um 1600: »Die armen Leute nähren sich damit, machen Mehl und Brot daraus.«

Heute wird Kastanienmehl nicht nur zu Brot, sondern auch zu Nudeln, Gnocchi, Polenta und Gebäck verarbeitet. Kastanienflocken finden in Frühstücks-Müslis Verwendung, Kastanienpüree wird als Halbfertigprodukt angeboten. Geschälte Kastanien sind als Beilagen vielfach einsetzbar, kandiert dienen sie zur Herstellung der bekannten Marrons Glaces, passiert als Grundlage für Kastanienmousse, Soufflès, Creme und Speiseeis. Nicht zuletzt werden aus Kastanien Liköre, Schnaps und Bier hergestellt. Seit alters her beliebt ist der bernsteinfarbige, aromatische Kastanienhonig.

und Früchten wirkt gegen Gicht, eine vor allem in der wohlhabenden Gesellschaftsschicht des Mittelalters weitverbreitete Krankheit. Auch in der Tiermedizin findet die Kastanie bei Hildegard von Bingen vielfache Anwendung.
Einige Jahrhunderte später sieht der Leibarzt der Tiroler Landesfürsten Ferdinand I. und Maximilian II. in der Kastanie ein Heilmittel gegen Tollwut und hebt ihre entzündungshemmende, potenzsteigernde und allgemein anregende Wirkung hervor. 1637 erschien in Genf ein weiteres medizinisches Standardwerk, indem der gelehrte Verfasser die Kastanie als besonders wirkungsvolles Gegenmittel bei »Wahnvorstellungen, Unverstand und Melancholie« empfiehlt, da deren Ursache »wallende, heißblütige Körperflüssigkeiten seien, die über das Herz ins Gehirn gelangen, wobei der erregte Geist Irrtümern und Trugbildern erliegt«. Da die Kastanie ein dickes und somit langsam fließendes Blut erzeuge, sei sie in solchen Krankheitsfällen sehr hilfreich.
So abenteuerlich solche und ähnliche Behandlungsmethoden in unseren aufgeklärten Ohren klingen mögen, eines können wir aus den genannten Aussagen auf jeden Fall ableiten: Die Kastanie wurde immer dann zugezogen, wenn es sich um besonders schwierige Fälle handelte, die alle irgendwie mit dem Gemüt zu tun haben.
Das findet seine Bestätigung auch im Volksbrauch unseres Landes, wo wir die Kastanien vor allem in Liebesdingen stets prominent vertreten finden, ob als Hochzeitsgeschenk oder als obligates Mitbringsel vom Marktbesuch. Und dass so ein »Keschtnbaum« und sein Duft eine heilsame Wirkung auf den Menschen ausübt, darin stimmen auch wir Heutigen mit Hildegard von Bingen gerne überein. In der Volksmedizin werden die Blätter der Kastanie übrigens wesentlich unspektakulärer bei Husten, zur Wundbehandlung und bei Durchfall eingesetzt.

St. Ingenuin bei Barbian *(Aufn. Christoph Gufler)*

Längs des Eisacktaler Keschntweges

Die Mittelgebirge links und rechts des Eisacktales zählen ohne Zweifel zu den schönsten Landschaften, fast hätte ich gesagt, der ganzen Welt. Und so abwegig wäre dies gar nicht, aber wir wollen uns ja nicht allzu sehr selber loben. Fest steht, dass eine Wanderung von Feldthurns über Villanders nach Barbian oder durch das gegenüberliegende Lajener Ried »zu den Feiertagen des Lebens« gehört. Der Volkskundler, Germanist und Walther-von-der-Vogelweide-Forscher Ignaz v. Zingerle hat diesen Ausspruch zwar für das Mittelgebirge von Tisens geprägt, aber wahrscheinlich wollte der Burgherr von Summersberg bei Gufidaun sich und seine nächste Umgebung eben auch nicht über die Maßen hervorheben.
Kastanienland sind sie ja beide, das Mittelgebirge um Brixen ebenso wie jenes von Tisens. Deshalb war es eine hervorragende Idee, die uralten Wege an den Sonnenseiten des Eisacktales mit dem Prädikat »Keschntweg« zu adeln. Dies geschah zu einer Zeit, als es um die Zukunft der Edelkastanie

Blick auf die Trostburg mit Lajen im Eisacktal *(Aufn. Christoph Gufler)*

in unserem Land nicht zum Besten bestellt war. Es ist das Verdienst beherzter Kastanienbauern, dass sie gemeinsam mit der Forstverwaltung und weitblickenden Gastronomen eine Renaissance der Edelkastanie im Eisacktal einleiteten.
Mit dem »Keschtnweg« wurde dafür ein markantes Zeichen gesetzt. Der 60 Kilometer lange Wanderweg verläuft nördlich von Brixen an den Sonnenhängen des Eisacktales und verbindet die Kastaniendörfer Vahrn, Feldthurns, Villanders, Barbian mit dem Ritten und dem Bozner Talkessel. Alles, was Südtirol an Landschafts- und Kunsterlebnis zu bieten hat, ist an diesem Weg anzutreffen. Wie Perlen sind die reizvollen Dörfchen Tils, Pinzagen, Tschötsch und Tötschling am Weg aufgereiht, der über die berühmte Tschötscher Heide mit ihrer bis heute spürbaren Aura aus fernen Vorzeiten nach Feldthurns führt. Nicht umsonst wählten die Brixner Fürstbischöfe im 16. Jahrhundert dieses stattliche Dorf als ihre Sommerfrische, woran noch heute das stattliche Renaissanceschloss mit seinen prunkvollen Täfelungen erinnert. Tatsächlich hatten schon fast tausend Jahre vorher vornehme Römer diese herrliche Landschaft als Wohnort erkoren. Sowohl in Feldthurns als auch im benachbarten Villanders wurden beeindruckende Reste römerzeitlicher Villen ausgegraben. Ein weiteres prominentes Zeugnis einer ungewöhnlich reichen Geschichte ist Säben, die Wiege des Bistums Brixen. Der Weiterweg nach Villanders und Barbian führt an alten Bauernhöfen und gut erhaltenen Edelsitzen wie der Johannser, Gravetsch und Pfleg vorbei und mündet über Unterinn und Signat im Bozner Talkessel.

Das Lajener Ried gehört zu den schönsten Kastanienlandschaften unseres Landes. *(Aufn. Christoph Gufler)*

Kastanienerlebnisweg in Völlan *(Aufn. Christoph Gufler)*

Der »Keschtnriggl« ist Wahrzeichen der beliebten Kastanientage in Tisens, Prissian, Völlan und Lana. *(Aufn: Keschtnriggl/Frieder Blickle)*

Kastanienerlebnisweg

Eigentlich ist ja jede Wanderung durch die Kastanienlandschaft ein einmaliges Erlebnis. Dies gilt für alle Jahreszeiten: »Wenn die Kastanienbäume, wie aus glänzendem Metall geschnitten, ihre Blätter ansetzen oder die üppigen Blütenbüschel vorantreiben, wenn die ›Keschtnigel‹ sich entwickeln und dann aufspringen und die glatten, harten Früchte freigeben und ebenso, wenn im Spätherbst die mächtigen Kronen goldbraun aus der ganzen Landschaft herausleuchten, immer sind sie gleich schön und interessant. Ja selbst wenn sie entblättert und völlig nackt dastehen, wird ein aufmerksames Auge immer neue Reize an ihnen entdecken. Kein Baum gleicht dem anderen, bei jedem verteilen sich die Äste ganz verschieden und trotzdem, bei aller Asymmetrie, bei aller Freiheit des Wuchses gehorcht doch jeder Baum einem geheimnisvollen Gesetz und ist jede Krone als Ganzes harmonisch ausgeglichen. Freilich, wenn der Blätterschmuck dazukommt, ist die Wirkung noch vollkommener und eignet der Edelkastanie eine wohlig abgerundete Fülle wie keinem anderen Baum unseres Himmelstriches.« (Josef Weingartner)
Einen hervorragenden Einblick in den vielfältigen Kosmos Kastanie gewährt der Kastanienerlebnisweg, den die Forstverwaltung unter der Leitung von Forstinspektor Peter Klotz in Völlan bei Lana angelegt hat. Ausgehend vom Ortszentrum oder vom Parkplatz beim Sportplatz, führt der landschaftlich ungemein reizvolle Weg an der Grenze zwischen Obstbau und Wald entlang, immer wieder schöne Ausblicke ins Tal und auf die Mittelgebirgsstufe gewährend. Das wertvollste Anschauungsmaterial ist die Landschaft selber, mit ihren scharfen Gegensätzen: hier die Intensivkulturen mit den modernen Anbauformen und Hagelnetzen, dort der hochsteigende Wald und dazwischen gleichsam als Wächter über eine sich wandelnde Welt die mächtigen Edelkastanien. In zehn ebenso unterhaltsam wie didaktisch wertvoll und informativ gestalteten

Stationen erzählt der Kastanienerlebnisweg jedem, der es erfahren will, alles Wissenswerte über die Kastanie, ihre Herkunft aus dem kleinasiatischen Raum, ihre Verwandten im Reich der Bäume, ihre Geschichte als Brotbaum der notleidenden Bevölkerung und Lieferant von wertvollem Nutzholz für den Weinbau, ihre Ansprüche an Klima und Böden, die kostbare Welt der Kastanienhaine und ihre Nützlichkeit als Rückzugsgebiet und Schutzzone für allerlei bedrohte Lebewesen, was zu ihrer Erhaltung und Pflege notwendig ist und wie die Krankheiten in den Griff bekommen werden können. Auch von der Bedrohung der Kastanie durch die Gier und Ungeduld der Menschen erzählt der Weg und davon, dass viele von uns verlernt haben, das Wertvolle vom nur Nützlichen zu unterscheiden.

Nigl & Riggl

Was ein »Keschtnigl« und ein »Keschtnriggl« ist, das wissen Sie inzwischen, wenn Sie bis zu dieser Seite der Kastanie treu geblieben sind. Deshalb möchte ich Sie ein wenig belohnen und Ihnen erzählen, was sich hinter diesen Namen noch verbirgt. Der »Keschtnigl« ist nämlich nicht nur die stachelige Hülle für unsere gelobte Frucht, sondern auch der Name für eine etwas andere Veranstaltungsreihe, die seit 1997 in Feldthurns stattfindet. Vom »Nigl« hat sie die Eigenschaft, ein wenig sperrig zu sein. Das kann man schon daran erkennen, dass die Kastanientage nicht während der touristischen Hochsaison, sondern in der stillen Zeit nach Allerheiligen stattfinden. Wer sich von ihnen touristische Folklore und volkstümliche Musik erwartet, der sollte besser zu Hause bleiben. Statt der ersehnten »Kastanienkönigin« im Fantasiedirndl kann es nämlich sein, dass ihn eine Baumtänzerin mit Kastagnetten willkommen heißt und die Musik stammt nicht von den »Amigos der

Spannende Begegnung
mit dem Reich der Kastanie *(Aufn: Keschtnriggl/Frieder Blickle)*

Alter Kastanienbaum im Ortszentrum von Feldthurns

(Aufn. Christoph Gufler)

»Die Kastanien sollten hier Ehrenbürgerschaft genießen.« (Josef Rampold) *(Aufn. Christoph Gufler)*

Berge«, sondern beispielsweise von Herbert Pixner, der seiner Ziehharmonika Melodien entlockt, die Tradition und zeitgenössische Musik auf wunderbare Weise verbinden. Denn, wie die Organisatoren des »Keschtnigls« schreiben: »Die Kastanie ist kein Modebaum, vielmehr erlebt ihn die Keschtnrunde als Freigeist, als ein Geschöpf gegen allen Zeitgeist, der innehält und freie Zugänge ermöglicht.« Im Übrigen sollten Sie sich von den Kastagnetten nicht allzu sehr abschrecken lassen. Sie stellen nur einen der »Zugänge« zur Kastanienkultur dar, welche im Mittelpunkt des »Nigls« stehen. Sie werden bei den Kastanientagen auch dem Männerchor von Barbian begegnen, allerdings nicht im Dirndl, und bei den geführten Wanderungen durch den Eisacktaler Spätherbst und zu den versteckten kunstgeschichtlichen Kleinodien unvergessliche Stunden erleben. Dasselbe erwartet Sie beim »Keschtnriggl«, der ebenfalls schon seit 13 Jahren am anderen Ende des Südtiroler Kastanienlandes, nämlich in Völlan, Tisens und Lana, stattfindet. Wie das Hochplateau um Feldthurns ist auch dieses Mittelgebirge zu Füßen des Gantkofels eine der Hochburgen der Kastanie geblieben. Davon können Sie sich in der zweiten Oktoberhälfte bei den traditionellen »Keschtnfestlen« überzeugen, bei denen das ganze Dorf auf den Beinen ist. »Auf uralten Wegen« werden Sie von kundigen Führern »von Hof zu Hof« durchs Kastanienland begleitet, wobei zum Abschluss »in der guten Stube« allerlei Kastanienköstlichkeiten auf den Tisch kommen. Nach diesen Ausflügen in die bäuerliche Welt der Kastanie erwarten Sie im Burgendorf Prissian »drei Burgen in einer Nacht« und allerlei kulturelle und kulinarische Überraschungen. Denn wo Kastanien und guter Wein wachsen, da fühlte sich auch schon der Adel wohl …

KESCHTN RIGGL
ganesh Graphics.
südtirol
SÜDTIROL KASTANIE
KASTANIENFESTE
KASTANIENMARKT
ALTES HANDWERK • MUSIK
FESTUMZUG • ERLEBNISWEG
TÖRGGELEN • BURGENWANDERUNG
FÜHRUNGEN DURCH URALTE KASTANIENHAINE
KASTANIENKÖSTLICHKEITEN NEU KREIERT
KASTANIENTAGE
IN VÖLLAN, TISENS UND PRISSIAN
www.suedtirol-kastanie.com
GREEN EVENT Diese Veranstaltung wird unter Berücksichtigung von Umweltkriterien geplant, organisiert und umgesetzt

Hermann Wieser hat die alte Tradition des Keschtnriggls neu belebt. *(Aufn: Keschtnriggl/Frieder Blickle)*

Keschtnriggl

Der »Keschtnriggl« ist ein aus Kastanienholz geflochtenes Gerät, das man im Burggrafenamt seit Jahrhunderten zum Schälen der gebratenen Kastanien verwendet. Dabei mag es wohl kein Zufall sein, dass es gerade die behäbigen Weinbauern rund um Meran waren, die dieses Hilfsmittel erfanden, um sich die Finger nicht schmutzig machen zu müssen. Jedenfalls gibt es den »Keschtnriggl« nur in diesen seligen Gefilden, die neben dem Eisacktal zu den Kerngebieten des Kastanienanbaues zählen.

Besonders tief verwurzelt ist die Edelkastanie im südlichen Winkel des Burggrafenamtes, in Lana und auf den darüberliegenden Mittelgebirgen von Ackpfeif, Rateis, Völlan, Naraun, Tisens, Prissian und Grissian. Nicht umsonst heißt es schon im Tiroler Landreim von 1558: »Wiewohl's an der Etsch hat viel Kesten, so sein doch zu Lana die besten.« Und Marx Sittich von Wolkenstein schreibt in seiner um 1600 verfassten Landesbeschreibung von den Tisnern, dass sie »sunderlich ein groß Anzahl von Kesten ins Land und gegen Bozen verkaufen«. Auch in den Landesbeschreibungen des 19. Jahrhunderts wird auf den ungewöhnlichen Kastanienreichtum in Völlan, Lana und Tisens hingewiesen. So heißt es bei Beda Weber 1845: »Allenthalben trifft man Kastanienbäume, die besonders süße Früchte liefern. Wohlhabende Bauern erzielen in guten Jahren 300 bis 400 Star (7,5–10 Tonnen), die um 1,5 bis 2 Gulden 24 Kreuzer verkauft werden. Die gebratenen schmecken besonders gut zum Wein und Herbstpartien auf diese Leckerkost gehören zu den Freuden der Etschländer.« Und sein Kollege Johann Jakob Staffler ergänzt 1847: »Die schmackhaftesten und nach strenger Auswahl allen anderen vorgezogenen (Kastanien) reifen auf den Rateiser und Ackpfeifer Anhöhen bei Lana.«

So mag es nicht verwundern, dass es in Lana war, wo 1992 mit einer viel besuchten Kastanientagung ein wichtiger Beitrag zur Rettung der Edelkastanie gestartet wurde. Seit 1998 finden jedes Jahr im Spätherbst eigene Kastanientage statt, deren Name »Keschtnriggl« die Exklusivität der Südtiroler Kastanienkultur widerspiegelt. Diese Kastanientage in Lana, Völlan und Tisens sind kein mit viel Geld inszeniertes Event. Vielmehr bemühen sich Landwirte, Forstbehörde und zahlreiche örtliche Vereine, den zahlreichen Besuchern ein lebendiges und authentisches Bild von dem zu vermitteln, was die Edelkastanie für diese Landschaft und ihre Bewohner seit vielen Jahrhunderten bedeutet. Höhepunkte der Kastanientage sind die Kastanienfeste in Völlan und Tisens, welche sich stets großen Zulaufes erfreuen. Auch die Gastronomie wartet in den Spätherbstwochen mit erlesenen Kastanienspezialitäten auf.

Keschtnriggl und Keschtnigl bezeichnen die viel besuchten Kastanientage in Völlan-Tisens-Prissian und im Eisacktal. *(Aufn: Keschtnriggl/Frieder Blickle)*

Uralte Kastanienbäume bei der St.-Laurentius-Kirche in Feldthurns *(Aufn. Christoph Gufler)*

Blick über Feldthurns auf die Dolomiten *(Aufn. Christoph Gufler)*

Eisacktaler Kastanienwochen

Die Edelkastanie ist mehr als ein Baum. Sie ist ein Symbol für Freiheit und Unangepasstheit, für Qualität und Genuss. So wie ihr kostbares Holz sind auch ihre Früchte etwas ganz Besonderes. Kein gezüchtetes Massenprodukt, das mithilfe der Chemie vorangetrieben und vor Schädlingen geschützt werden muss.
Was auf den Kastanienbäumen wächst, das ist Natur pur. So nimmt es nicht Wunder, wenn sich die Gastronomie in besonderer Weise mit diesen edlen Früchten beschäftigt. Von Ende Oktober bis Anfang November laden zahlreiche Gastbetriebe in den Kastaniendörfern rund um Brixen und Klausen zu den bei Feinschmeckern beliebten »Eisacktaler Kastanienwochen«. Was früher als »Brot der Armen« galt, entwickelt sich unter der Hand kundiger Küchenmeister zu gefragten Delikatessen, die selbst den anspruchsvollsten Gaumen befriedigen. Dabei sind der Fantasie (fast) keine Grenzen gesetzt: Von allerlei leckeren Vorspeisen und schmackhaften Suppen über deftige oder zarte Hauptgericht bis zu raffinierten Desserts steckt die Eisacktaler Kastanienküche voller ungeahnter Überraschungen.
Und was das Beste daran ist, man kann sich im wahrsten Sinne des Wortes ganz unbeschwert dem Genuss hingeben, denn die Kastanie enthält zwar viel Stärke und hochwertige Kohlenhydrate, Phosphor und Eisen, aber nur wenige Kalorien und so gut wie kein Fett. Nicht ganz so leicht und für jedermann/jedefrau bekömmlich ist hingegen die bäuerliche Kost, die in den zahlreichen „Buschen" längs des Kastanienweges und im gesamten Kastanienland auf den Stubentisch kommt. Aber nach einer schönen Wanderung, bei der so mancher Schweißtropfen vergossen wurde, darf man ab und zu mit ruhigem Gewissen den selbst gemachten Würsten, herzhaften Knödeln und köstlichen »Keschtnkrapfen« zu Leibe rücken, umsomehr als es sich dabei durchwegs um bäuerliche Qualitätsprodukte handelt, die am Hof erzeugt und vom »Roten Hahn« des Südtiroler Bauernbundes

aufmerksam »bewacht« werden. Dazu gibt es überall auf den Höfen einen frischen weißen oder roten Eigenbauwein, der leicht und süffig schmeckt und auch bei etwas größeren Quantitäten keine Kopfschmerzen verursacht. In diesem Zusammenhang darf das »Klausner Gassltörggelen« nicht unerwähnt bleiben, welches jedes Jahr von Ende September bis Anfangs Oktober in den malerischen Straßen der alten Dürerstadt stattfindet. Weniger durch den Magen als mit Herz und Sinn nähert man sich dem Kastanienland und seiner Kastanienkultur seit vielen Jahren beim »Keschtnigl«, der sein Zentrum in Feldthurns hat und Anfang November ein ebenso originelles wie hochwertiges Angebot an musikalischen, literarischen und volkskundlichen Veranstaltungen bietet bis hin zum beliebten »Niglmarkt« und dem »Nigl-Sunntig.«

Ein Freiherr unter den Bäumen

Südtirol ist am schönsten dort, wo Wiese und Wald aneinandergrenzen.
Dieser schmale Streifen zwischen Kultur- und Naturlandschaft ist das eigentliche Reich der Edelkastanie. Hier ist sie der unumschränkte Herrscher. Ja, sie ist dem Menschen nützlich und liefert ihm ihre köstlichen Früchte, haltbares Holz für das Traggerüst der Reben und Streu für die Ställe, aber sie ist nicht sein Untertan. Sie lässt sich nicht züchten und ziehen, formen und verformen, so wie es dem Menschen gerade passt. Nein, sie ist ein freier Baum und stolz und selbstbewusst erhebt sie ihr mächtiges Haupt über die Gipfel der anderen Bäume, die sich in respektvollem Abstand in ihren Schatten ducken. Voller Mitleid blickt sie herab auf die verkrüppelten Sträucher, die auf engstem Raum ihr kurzlebiges Dasein fristen und so schwach sind, dass sie mit Drähten und Betonsäulen gestützt werden müssen, um nicht unter der Last ihrer hochgezüchteten Früchte zusammenzubrechen. Vom Frühjahr bis zum Herbst sehen sie die Sonne nicht, weil dichte Netze über sie gespannt sind. Apfelbäume nennen sie die Menschen, aber über solche »Bäume« kann die Kastanie nur lachen. Ihr kann Wind und Wetter, können Hagel und Blitz wenig anhaben. Und sie liefert noch Früchte, wenn in den Obstwiesen schon die dreißigste Generation an Apfelbäumen gepflanzt werden musste.
Deshalb haben die Menschen die Edelkastanie auch jahrhundertelang wertgeschätzt. Sie haben dafür gesorgt, dass sie Wasser bekam und ihr den

Wächter über einem gesegneten Land *(Aufn. Christoph Gufler)*

nötigen Platz gelassen. Mehr brauchte sie nicht. Die Alten dachten in langen Zeiträumen, sie hatten in vielen Generationen harter Bauernarbeit gelernt, dass die wahre Kraft in der Beständigkeit liegt. Und pflanzten Bäume, deren Früchte erst ihre Kinder und Kindeskinder ernten würden.
Aber die Zeiten haben sich geändert und mit ihnen das Wirtschaften der Menschen. Das bekam auch die Edelkastanie zu spüren. Immer näher rückten die Apfelplantagen, immer kleiner wurde ihr Reich. An die Stelle der Waale, welche die Kastanienhaine mitversorgten, traten neue Bewässerungsanlagen. Und niemand hatte mehr Zeit sich um die alten »Keschtnbäume« zu kümmern. So waren es nicht nur plötzlich auftretende Krankheiten, welche ihre Existenz bedrohten. Fast schien es so, als ob eine tausendjährige Kastanienkultur an ihrem Ende angekommen wäre. Doch noch einmal konnte im letzten Augenblick der Exodus gestoppt werden. Langsam, langsam setzt sich wieder die Überzeugung durch, was dadurch unwiederbringlich verloren sein würde, wie viel Geschichte und Tradition, aber auch wie viel Schönheit und wie viele Chancen für die Zukunft.

Praktische Tipps

Damit Sie bei der Zubereitung der Gerichte viel Freude haben, geben wir Ihnen im Folgenden einige nützliche Tipps und Informationen.

Personenzahl
Wenn nicht anders angegeben, sind die Rezepte auf vier Personen ausgerichtet, wobei die Mengenangabe lediglich einen Richtwert darstellt. Unterschiede ergeben sich daraus, ob das Gericht als Hauptspeise oder innerhalb einer Menüfolge angeboten wird.

Zutaten und Arbeitsablauf
Die Zutaten sind exakt in der Reihenfolge der Vor- und Zubereitungsschritte angeführt. Zusätzlich sind diese noch unterteilt, wie zum Beispiel in Teige, Saucen, Würzmittel usw.

Garzeiten
Garzeiten sind Richtwerte. Zumal die Leistung der jeweiligen Küchengeräte variieren kann. Herde, Grillplatten und Backrohre heizen unterschiedlich. Machen Sie daher eine Garprobe.

Kastanien schälen Sie, indem Sie die frischen Kastanien einritzen und anschließend 2–3 Minuten in siedendem Wasser kochen (blanchieren) oder dämpfen. Kastanien noch lauwarm schälen. Damit bleibt die Frucht roh und eignet sich optimal zur Weiterverarbeitung laut Rezept.

Die angeführten Gewichtseinheiten und Küchenmaße sind

g = Gramm
kg = Kilogramm
ml = Milliliter
l = Liter
TL = Teelöffel
EL = Esslöffel
Msp. = Messerspitze

Stückzahlen sind ausschließlich mit der Anzahl angeführt.

Tipps
Unter dieser Angabe finden Sie Hinweise, welche Sauce, Beilage, Zutat zum jeweiligen Gericht besonders gut passt oder variiert werden kann.

Siehe Rezepte Seite 000
Bei den einzelnen Rezepten finden Sie immer wieder diese Verweise auf andere Rezepte. Einfache Basisrezepte sind am Ende dieses Buches bei den Grundrezepten angeführt, um die einzelnen Rezepte so einfach wie möglich darzustellen.

Gute Organisation beim Kochen ist wichtig
Das Kochen mit dem Buch ist nicht primär eine Frage des Könnens, sondern vielmehr der guten Organisation. Folgende Punkte sollten Sie daher beachten:

1. Das Rezept vor dem Kochen gut durchlesen und alle Zutaten und Geräte bereitstellen.
2. Die Zeit gut einteilen. Während zum Beispiel Kartoffeln kochen, können Sie bereits das Gemüse schneiden.
3. Herd, Grill oder Backrohr vorheizen. Das spart Zeit.
4. Mit bereits zugeschnittenen Zutaten lässt sich auch sehr viel Zeit sparen. Kaufen Sie nach Möglichkeit bereits parierte Fleischteile.
5. Probieren Sie auch neue Rezepte, lassen Sie Ihrer Kreativität freien Lauf.

Einkauf und Lagerung

1. Frische Kastanien erhalten Sie im Handel etwa ab Mitte September bis Mitte November.
2. Getrocknete Kastanien (geschält) sind das ganze Jahr erhältlich.
3. Im Fachhandel gibt es geschälte, gefrorene Kastanien in 1-Kilogramm-Packungen oder auch als tiefgefrorenes Kastanienpüree (dieses kann für pürierte Kastaniengerichte verwendet werden).
4. Kastanien sind auch in Form von Mehl erhältlich (für Brot, Gnocchi usw.). Kastanienmehl ist außerdem glutenfrei und dient als Getreideersatz für Zöliakiepatienten.
5. Kühl, in flachen, luftdurchlässigen Kisten trocken lagern.
6. Am besten immer frisch bis innerhalb einer Woche verarbeiten, da sie bei längerer Lagerung ersticken oder schimmeln.

Für 4 Personen

GEBRATENE KASTANIEN

MIT FRISCHEN FEIGEN UND BAUERNSPECK

ZUTATEN

1 kg	Kastanien
40 Scheiben	Südtiroler Bauernspeck
4	Feigen, geviertelt

ZUBEREITUNG

20 Minuten

- Kastanienschale mit einem kleinen Messer einritzen.
- Kastanien in eine Kastanienpfanne (Pfanne mit Löchern) geben und über offenem Feuer (am besten im Freien) 10–15 Minuten braten, dabei die Pfanne ständig schütteln.
- Kastanien in eine Schüssel geben und mit einem feuchten Tuch abdecken, an einem warmen Ort noch etwa 10 Minuten ziehen lassen, schälen.

FERTIGSTELLUNG

- Südtiroler Bauernspeckscheiben auf Tellern anrichten, mit Kastanien und Feigen garnieren.

TIPP

- Zum Schälen der Kastanien kann man, wenn vorhanden, einen »Keschtnriggl« verwenden.

Für 4 Personen

SELLERIE-APFELSALAT MIT GLASIERTEN KASTANIEN
UND ROSA GRAPEFRUITFILETS

30 Minuten

SELLERIE-APFELSALAT

- 1 Sellerieknolle
- 2 Äpfel (z.B. Jonagold)
- 1 Zitrone, Saft
- 2 EL Mayonnaise
- 1 EL geschlagene Sahne
- Salz
- Pfeffer aus der Mühle

GLASIERTE KASTANIEN

- 1 EL Zucker
- 200 g Kastanien, geschält
- 100 ml Weißwein
- 100 ml Wasser

WEITERES

- 2 rosa Grapefruits
- 50 g Vogelesalat

SELLERIE-APFELSALAT

▸ Sellerieknolle und Äpfel schälen, in Streifen hobeln oder in kleine Würfel schneiden. Zitronensaft, Mayonnaise und geschlagene Sahne dazugeben, alles gut vermischen und mit Salz und Pfeffer würzen.

GLASIERTE KASTANIEN

▸ Zucker in einem Topf karamellisieren lassen, Kastanien dazugeben und mit Weißwein ablöschen. Anschließend Wasser zufügen und zugedeckt etwa 15 Minuten weich dünsten.

FERTIGSTELLUNG

▸ Grapefruits mit dem Messer schälen, sodass keine weißen Häutchen mehr vorhanden sind, Filets herausschneiden.

▸ Sellerie-Apfelsalat in die Mitte der Teller geben, glasierte Kastanien und Grapefruitfilets um den Salat anrichten, mit Vogelesalat garnieren und servieren.

BLAUKRAUTSALAT MIT GLASIERTEN KASTANIEN

UND GERÄUCHERTER ENTENBRUST

Für 4 Personen

BLAUKRAUTSALAT

- 500 g Blaukraut
- Salz
- Pfeffer aus der Mühle
- 1 Apfel, geraspelt
- 1 Orange, Saft
- 20 ml Rotweinessig
- 30 ml Sonnenblumenöl
- 1 EL Johannisbeergelee

GLASIERTE KASTANIEN

- 1 EL Zucker
- 150 g Kastanien, geschält
- 100 ml Weißwein
- 100 ml Wasser

WEITERES

- 250 g geräucherte Entenbrust
- 50 g Friséesalat

20 Minuten

BLAUKRAUTSALAT

▸ Blaukraut in feine Streifen schneiden und mit Salz und Pfeffer würzen. Apfel, Orangensaft, Rotweinessig, Sonnenblumenöl und Johannisbeergelee dazugeben. Gut vermengen.

GLASIERTE KASTANIEN

▸ Zucker in einem Topf karamellisieren lassen, Kastanien, Weißwein und Wasser dazugeben und etwa 15 Minuten zugedeckt weich dünsten.

FERTIGSTELLUNG

▸ Geräucherte Entenbrust in dünne Scheiben schneiden. Blaukrautsalat in der Tellermitte anrichten, glasierte Kastanien und Entenbrustscheiben daneben platzieren, mit Friséesalat garniert servieren.

TIPP

▸ Geräucherte Entenbrust erhalten Sie beim Metzger.

HERBSTSALAT MIT GEGRILLTER SCHINKENSCHEIBE

UND GLASIERTEN KASTANIEN

Für 4 Personen

HERBSTSALAT

- 400 g gemischter Blattsalat
- 80 ml Olivenöl
- 30 ml Balsamicoessig
- Salz
- Pfeffer aus der Mühle

GLASIERTE KASTANIEN

- 1 EL Zucker
- 200 g Kastanien, geschält
- 100 ml Weißwein
- 100 ml Wasser

GEGRILLTE SCHINKENSCHEIBEN

- 300 g gekochter Schinken, in Scheiben geschnitten
- 20 g Butter

40 Minuten

HERBSTSALAT

▸ Salate waschen und in kleine Stücke zupfen. Olivenöl, Balsamicoessig, Salz und Pfeffer verrühren und Salat damit marinieren.

GLASIERTE KASTANIEN

▸ Zucker in einem Topf karamellisieren lassen, Kastanien, Weißwein und Wasser dazugeben und etwa 15 Minuten zugedeckt weich dünsten.

FERTIGSTELLUNG

▸ Schinkenscheiben auf beiden Seiten kurz in Butter anbraten und zusammen mit den glasierten Kastanien auf dem Herbstsalat anrichten.

TIPP

▸ Statt Schinken können Sie auch gebratene Entenbrustscheiben verwenden.

Blaukrautsalat mit glasierten Kastanien und geräucherter Entenbrust

Herbstsalat mit gegrillter Schinkenscheibe und glasierten Kastanien

Für 4 Personen

KASTANIEN-FRISCHKÄSEAUFSTRICH
MIT FRISCHEN FEIGEN

ZUTATEN

200 g	Kastanien, geschält
300 ml	Milch
	Salz
	Pfeffer aus der Mühle
100 g	Frischkäse

WEITERES

16 Scheiben	Baguette
4	Feigen, geviertelt
100 g	Salatspitzen zum Garnieren

20 Minuten

ZUBEREITUNG

- Kastanien mit Milch, Salz und Pfeffer etwa 30 Minuten weich kochen, leicht auskühlen lassen und im Mixer pürieren. Frischkäse mit einem Schneebesen unter das Kastanienpüree rühren.
- Kastanien-Frischkäseaufstrich mit dem Spritzsack auf Baguettescheiben spritzen. Zusammen mit den geviertelten Feigen auf Tellern anrichten und mit Salatspitzen garniert servieren.

Für 4 Personen

IN PORTWEIN GLASIERTE KASTANIEN
MIT HÜHNERLEBERBRUSCHETTA UND MELONEN

KASTANIEN IN PORTWEIN

- 1 EL Zucker
- 200 g Kastanien, geschält
- 200 ml Portwein

HÜHNERLEBER-BRUSCHETTA

- ½ Baguette
- 250 g Hühnerleber
- 2 Schalotten, fein geschnitten
- 30 g Butter
- 1 EL Petersilie, fein geschnitten
- 1 TL Salbei, fein geschnitten
- 1 EL Cognac
- Salz
- Pfeffer aus der Mühle

WEITERES

- ½ Honigmelone
- 100 g Salatspitzen zum Garnieren

30 Minuten

KASTANIEN IN PORTWEIN

Zucker in einem Topf karamellisieren lassen, Kastanien und Portwein dazugeben und zugedeckt etwa 15 Minuten weich dünsten, bis der Portwein verkocht ist.

HÜHNERLEBERBRUSCHETTA

Baguette in 12 Scheiben schneiden und kurz toasten. Hühnerleber in Streifen schneiden und zusammen mit den Schalotten in Butter heiß anbraten, Petersilie, Salbei und Cognac zufügen, mit Salz und Pfeffer würzen.

FERTIGSTELLUNG

Aus der Honigmelone mithilfe eines Parisienneausstechers (Kugelausstecher) Kugeln ausstechen. Hühnerleber lauwarm auf den Baguettescheiben verteilen, zusammen mit den glasierten Kastanien auf Tellern anrichten. Mit Honigmelonenkugeln und Salatspitzen garnieren.

TIPP

Wenn Sie keinen Parisienneausstecher (Kugelausstecher) haben, dann können Sie die Melone natürlich auch in Spalten schneiden.

Für 4 Personen

KASTANIENTERRINE MIT KALBSLEBERAUFSTRICH

AUF TOAST UND CUMBERLANDSAUCE

1 Stunde

KASTANIENTERRINE

200 g	Kastanien, geschält
500 ml	Milch
1	Lorbeerblatt
1 Prise	Salz
	Pfeffer aus der Mühle
etwas	Muskatnuss
3 Blatt	Gelatine
80 g	Ricotta
2 EL	geschlagene Sahne

KALBSLEBERAUFSTRICH

150 g	Kalbsleber
40 g	Butter
2	Salbeiblätter
2	Schalotten, fein geschnitten
	Salz
	Pfeffer aus der Mühle
1 EL	Cognac

CUMBERLANDSAUCE

100 g	Johannisbeergelee
100 ml	Orangensaft
100 ml	Portwein
50 ml	Zitronensaft
1 TL	englischer Senf
1 Msp.	Cayennepfeffer
1	unbehandelte Zitrone, Schale in Streifen geschnitten
1	unbehandelte Orange, Schale in Streifen geschnitten

WEITERES

6 Scheiben	Toast
100 g	Vogele- oder Friséesalat

KASTANIENTERRINE

- Kastanien mit Milch, Lorbeerblatt, Salz, Pfeffer und Muskatnuss etwa 30 Minuten kochen lassen. Gelatine in kaltem Wasser etwa 3 Minuten einweichen.
- Wenn die Milch fast verkocht ist, Kastanien vom Herd nehmen und die ausgedrückte Gelatine dazugeben. Gut vermengen und etwas auskühlen lassen.
- Dann mit der Flotten Lotte oder im Mixer pürieren, Ricotta und geschlagene Sahne vorsichtig mit dem Schneebesen unterheben.
- Eine halbrunde oder dreieckige Terrinenform mit Klarsichtfolie auslegen und Kastanienmousse einfüllen, mit Klarsichtfolie abdecken und 2–3 Stunden kalt stellen.

KALBSLEBERAUFSTRICH

- Kalbsleber in kleine Stücke schneiden. Butter mit Salbei erhitzen, Kalbsleber mit den fein geschnittenen Schalotten etwa 1 Minute darin anbraten. Die Kalbsleber soll innen noch leicht rosa sein. Aus der Pfanne nehmen und auskühlen lassen.
- Mit Salz, Pfeffer und Cognac würzen und im Mixer zerkleinern. Etwa 30 Minuten kalt stellen.

CUMBERLANDSAUCE

- Johannisbeergelee mit Orangensaft, Portwein, Zitronensaft, englischem Senf und Cayennepfeffer in einem Topf aufkochen lassen.
- Zitronen- und Orangenschalenstreifen in etwas Wasser etwa 2 Minuten aufkochen lassen, abseihen und dazugeben.
- Gut auskühlen lassen.

FERTIGSTELLUNG

- Toastbrotscheiben toasten, mit Kalbsleberaufstrich bestreichen und in Dreiecke schneiden. Die Kastanienterrine in Scheiben schneiden, mit Kalbslebertoast anrichten und mit Cumberlandsauce und Salaten garnieren.

TIPP

- Cumberlandsauce kann man auch zu anderen kalten Wildgerichten servieren.

Kastanienterrine mit Kalbsleberaufstrich auf Toast und Cumberlandsauce

Für 4 Personen

WILDCARPACCIO

MIT KASTANIEN-PFIFFERLING-VINAIGRETTE

WILDCARPACCIO

250 g Wildfleisch (Keule oder Rücken), pariert

KASTANIEN-PFIFFERLING-VINAIGRETTE

1 EL Zucker
150 g Kastanien, geschält
4 EL Apfelessig
250 ml Wasser
200 g Pfifferlinge
½ Knoblauchzehe, fein gehackt
20 ml Olivenöl
2 EL Petersilie, fein geschnitten

>>>

20 Minuten

WILDCARPACCIO

▸ Wildfleisch in etwa 20 g große Stücke schneiden und mit einem glatten Fleischklopfer zwischen Klarsichtfolie dünn klopfen.

KASTANIEN-PFIFFERLING-VINAIGRETTE

▸ Zucker in einem kleinen Topf karamellisieren lassen, Kastanien dazugeben und mit Apfelessig ablöschen. Wasser zufügen und zugedeckt etwa 15 Minuten einkochen lassen, bis die Flüssigkeit verkocht ist und die Kastanien weich sind. Anschließend auskühlen lassen und halbieren.

▸ Pfifferlinge putzen, waschen und abtropfen lassen. Mit Knoblauch in Olivenöl anrösten, salzen und pfeffern. Petersilie dazugeben, auskühlen lassen und mit den Kastanien vermengen.

FERTIGSTELLUNG

▸ Radicchio, Vogele- und Friséesalat auf Teller verteilen, das dünn geklopfte Wildcarpaccio darauf anrichten, Kastanien-Pfifferling-Vinaigrette in der Mitte platzieren. Alles mit Salz und Pfeffer würzen, mit Zitronensaft und Olivenöl beträufeln. Mit gehobeltem Parmesan garnieren und servieren.

WEITERES

Radicchio, Vogelesalat, Friséesalat, gewaschen
Salz
Pfeffer aus der Mühle
1 Zitrone, Saft
4 EL Olivenöl
120 g Parmesan, gehobelt

Für 4 Personen

ROSA GEBRATENES WILD

MIT KASTANIEN-SELLERIE-ZWIEBELCHUTNEY

MARINADE

3 EL Olivenöl
1 EL Cognac
5 Wacholderbeeren, fein gehackt
1 Rosmarinzweig
4 Salbeiblätter
Pfeffer aus der Mühle

WILDFLEISCH

500 g Wildfleisch (Rehrücken oder auch Teile von der Keule), pariert
Salz

KASTANIEN-SELLERIE-ZWIEBELCHUTNEY

1 EL Zucker
150 g Kastanien, geschält und in Würfel geschnitten
1 rote Zwiebel, in Würfel geschnitten
150 g Sellerieknolle, in Würfel geschnitten

>>>

40 Minuten

MARINADE

▸ Aus Olivenöl, Cognac, Wacholderbeeren, Rosmarin, Salbei und Pfeffer eine Marinade herstellen.

WILDFLEISCH

▸ Wildfleisch mit der Marinade einige Stunden marinieren (am besten am Vortag). Fleisch aus der Marinade nehmen, etwas salzen und in der heißen Pfanne auf beiden Seiten etwa 1 Minute anbraten. Anschließend je nach Größe des Wildfleisches 10–12 Minuten bei 200 Grad im Backrohr garen. Herausnehmen und in Alufolie eingewickelt auskühlen lassen.

KASTANIEN-SELLERIE-ZWIEBELCHUTNEY

▸ Zucker in einem kleinen Topf karamellisieren lassen, Kastanien, Zwiebel und Sellerieknolle dazugeben, mit Portwein und Orangensaft ablöschen. Flüssigkeit fast vollständig einkochen lassen. Vom Herd nehmen und auskühlen lassen. Alles in eine Schüssel geben und mit Johannisbeergelee, Dijonsenf, Sherry, Apfelbalsamico, Olivenöl, Salz und Pfeffer verrühren.

FERTIGSTELLUNG

▸ Das rosa gebratene Wildfleisch in Scheiben schneiden und mit dem Chutney auf Tellern anrichten. Mit Salatspitzen garnieren.

TIPP

▸ Statt Wild können Sie auch Entenbrust verwenden.

100 ml Portwein
100 ml Orangensaft, frisch gepresst
1 EL Johannisbeergelee
1 TL Dijonsenf
3 EL Sherry
4 EL Apfelbalsamico
5 EL Olivenöl
Salz
Pfeffer aus der Mühle

WEITERES

100 g Salatspitzen, gewaschen

Wildcarpaccio mit Kastanien-Pfifferling-Vinaigrette

Rosa gebratenes Wild mit Kastanien-Sellerie-Zwiebelchutney

Rosa gebratener Hirschrücken mit Kastanienmousse, Preiselbeeren und Williamsbirne

Für 4 Personen

MARINADE

- 3 EL Olivenöl
- 1 EL Cognac
- 5 Wacholderbeeren, fein gehackt
- 1 Rosmarinzweig
- 4 Salbeiblätter
- Pfeffer aus der Mühle

HIRSCHRÜCKEN

- 500 g Hirschrücken, pariert
- Salz

KASTANIENMOUSSE

- 300 g Kastanien, geschält
- 500 ml Milch
- 1 Prise Salz
- 1 Lorbeerblatt
- 1 Msp. Muskatnuss
- 150 ml geschlagene Sahne

>>>

ROSA GEBRATENER HIRSCHRÜCKEN

MIT KASTANIENMOUSSE, PREISELBEEREN UND WILLIAMSBIRNE

45 Minuten

MARINADE

- Aus Olivenöl, Cognac, Wacholderbeeren, Rosmarin, Salbei und Pfeffer eine Marinade herstellen.

HIRSCHRÜCKEN

- Hirschrücken mit der Marinade einige Stunden marinieren (am besten am Vortag). Fleisch aus der Marinade nehmen, etwas salzen und in der heißen Pfanne auf beiden Seiten etwa 1 Minute anbraten. Anschließend je nach Größe des Hirschrückens 10–12 Minuten bei 200 Grad im Backrohr garen. Herausnehmen und in Alufolie eingewickelt auskühlen lassen.

KASTANIENMOUSSE

- Kastanien mit Milch, Salz, Lorbeerblatt und Muskatnuss etwa 30 Minuten weich kochen, auskühlen lassen.
- Anschließend Lorbeerblatt herausnehmen und im Mixer oder mithilfe einer Kartoffelpresse pürieren. Die geschlagene Sahne unterheben und kalt stellen.

FERTIGSTELLUNG

- Hirschrücken in Scheiben schneiden und auf Tellern anrichten, Kastanienmousse mit dem Spritzsack daneben zu Rosetten spritzen. Mit Williamsbirnenspalten und Salatspitzen garnieren.

WEITERES

- 4 gekochte Williamsbirnenspalten, mit Preiselbeermarmelade gefüllt
- 100 g Salatspitzen zum Garnieren

Für 4 Personen

REH

500 g Rehkeule (oder Nuss bzw. lange Seite), pariert
1 Rosmarinzweig, fein geschnitten
2–3 Salbeiblätter, fein geschnitten
1 Knoblauchzehe, zerdrückt
3 Wacholderbeeren, zerdrückt

GEMÜSEBRÜHE

3 l Wasser
1 Zwiebel
1 Karotte
½ Lauchstange
1 Selleriestange
1 Lorbeerblatt
1 TL Wacholderbeeren
1 TL Pfefferkörner
Salz

>>>

POCHIERTES REH

MIT KASTANIENMEERRETTICH AUF SALAT

1 Stunde

REH

- Rehkeule am Vortag mit Rosmarin, Salbei, Knoblauch und Wacholderbeeren marinieren.

GEMÜSEBRÜHE

- In einem Topf Wasser mit Zwiebel, Karotte, Lauch, Sellerie, Lorbeerblatt, Wacholderbeeren, Pfefferkörnern und Salz aufkochen lassen. Rehkeule dazugeben und etwa 30 Minuten bei 70 Grad ziehen lassen, anschließend auskühlen lassen und dünn aufschneiden.

KASTANIENMEERRETTICH

- Kastanienpüree mit geschlagener Sahne vermengen, Meerrettich unterrühren und mit Salz und Pfeffer würzen.

FERTIGSTELLUNG

- Blattsalate waschen und in kleine Stücke zupfen, auf Teller verteilen. Reh darauf anrichten, eine Nocke Kastanienmeerrettich in der Mitte platzieren und mit einer glasierten Kastanie garnieren.

KASTANIENMEERRETTICH

50 g Kastanienpüree (siehe Seite 164)
100 ml geschlagene Sahne
20–30 g Meerrettich, gerieben (frisch oder aus dem Glas)
Salz
Pfeffer aus der Mühle

WEITERES

200 g Blattsalat
4 glasierte Kastanien (siehe Seite 42) zum Garnieren

Für 4 Personen

WILDHASENRÜCKEN AUF HERBSTSALATEN

MIT KASTANIEN UND GRANATÄPFELN

WILDHASENRÜCKEN

- 3 Wildhasenrückenfilets, pariert
- 1 Rosmarinzweig
- 1 Knoblauchzehe, fein geschnitten
- 1 TL Wacholderbeeren, fein gehackt
- 1 EL Gin
- Salz
- Pfeffer aus der Mühle
- 2 EL Olivenöl

GLASIERTE KASTANIEN

- 1 EL Zucker
- 200 g Kastanien, geschält
- 200 ml Apfelsaft
- 100 ml Wasser

WEITERES

- 2 Granatäpfel
- 400 g Blattsalat
- Olivenöl
- Balsamicoessig
- Salz
- Pfeffer aus der Mühle

30 Minuten

WILDHASENRÜCKEN

▸ Wildhasenrückenfilets am Vortag mit Rosmarin, Knoblauch, Wacholderbeeren und Gin marinieren.

▸ Aus der Marinade nehmen, mit Salz und Pfeffer würzen und in heißem Olivenöl anbraten. Etwa 1 Minute bei schwacher Hitze weiterbraten, herausnehmen, in Alufolie wickeln und ruhen lassen.

GLASIERTE KASTANIEN

▸ Zucker karamellisieren, Kastanien, Apfelsaft und Wasser dazugeben und zugedeckt etwa 15 Minuten weich dünsten.

FERTIGSTELLUNG

▸ Granatäpfel halbieren und Kerne herauslösen. Blattsalate waschen, etwas zerkleinern und auf Teller geben.

▸ Das lauwarme Wildhasenfilet schräg aufschneiden und mit den glasierten Kastanien neben dem Salat anrichten. Mit Olivenöl und Balsamicoessig beträufeln, mit Salz und Pfeffer würzen und mit Granatapfelkernen garnieren.

Wildhasenrücken auf Herbstsalaten mit Kastanien und Granatäpfeln

Für 10 Personen

WILDKRAFTBRÜHE

MIT KASTANIENRAVIOLI, KÜRBISSTREIFEN UND SHERRY

WILDKRAFTBRÜHE

- 1 kg Wildabschnitte (Sehnen, Knochen vom Hals oder Rücken), zerkleinert
- 4 l kaltes Wasser
- 1½ Zwiebeln mit Schale, halbiert
- 1 Karotte
- 1 Lauchstange
- 1 Stangensellerie oder Schale von 1 Sellerieknolle
- 1 TL Wacholderbeeren
- 1 TL Pfefferkörner
- Salz
- 30 ml Sherry

KASTANIENRAVIOLI

- 300 g Kastanien, geschält
- 200 ml Wildkraftbrühe
- 50 ml braune Grundsauce (siehe Seite 165)
- 200 g Nudelteig (siehe Seite 166)
- etwas Wasser oder Eiweiß

WEITERES

- 50 g Kürbis, in feine Streifen geschnitten

2 Stunden

WILDKRAFTBRÜHE

- Wildabschnitte in einen Topf geben und mit Wasser bedecken, kurz aufkochen lassen und abseihen.
- Anschließend mit 4 Litern kaltem Wasser wieder zum Kochen bringen.
- Zwiebeln etwas anrösten und zusammen mit Karotte, Lauch, Stangensellerie, Wacholderbeeren, Pfefferkörnern und Salz in den Topf mit den Wildabschnitten geben. 2–3 Stunden langsam köcheln lassen.
- Durch ein Tuch passieren, damit die Brühe klar wird. Mit Sherry verfeinern.

KASTANIENRAVIOLI

- Kastanien mit Wildkraftbrühe und brauner Grundsauce zugedeckt etwa 30 Minuten köcheln lassen, bis die Flüssigkeit fast verkocht ist. Etwas auskühlen lassen und im Mixer oder mit der Flotten Lotte pürieren.
- Nudelteig mit der Nudelmaschine dünn ausrollen und auf eine bemehlte Arbeitsfläche geben. Auf ein Teigblatt mit dem Spritzsack oder einem Teelöffel etwas Kastanienpüree im Abstand von 5–6 cm geben. Teigränder mit etwas Wasser bestreichen, mit einem zweiten Teigblatt abdecken und Ränder gut andrücken. Ravioli ausstechen.

FERTIGSTELLUNG

- Kastanienravioli im kochenden Salzwasser 1–2 Minuten garen und abseihen.
- Kürbisstreifen in Salzwasser etwa 1 Minute kochen lassen und herausnehmen.
- Kastanienravioli und Kürbisstreifen in Suppenteller geben, Wildkraftbrühe angießen und servieren.

Wildkraftbrühe mit Kastanienravioli, Kürbisstreifen und Sherry

Für 8 Personen

KASTANIENSUPPE

400 g Kastanien, geschält
30 g Butter
200 ml Lagrein (oder anderer Rotwein)
2½ l Geflügelbrühe (siehe Seite 165)
Salz
Pfeffer aus der Mühle
1 Msp. Muskatnuss

BLÄTTERTEIG-PARMESANSTANGEN

100 g Blätterteig
1 Ei
30 g Parmesan, gerieben

KASTANIENSUPPE MIT LAGREIN

UND BLÄTTERTEIG-PARMESANSTANGEN

30 Minuten

KASTANIENSUPPE

- Kastanien in Butter anschwitzen und mit Lagrein ablöschen, Flüssigkeit auf die Hälfte einkochen lassen und mit Geflügelbrühe aufgießen. Mit Salz, Pfeffer und Muskatnuss würzen und 20–30 Minuten köcheln lassen.
- Mit dem Pürierstab zu einer cremigen Suppe mixen.

BLÄTTERTEIG-PARMESANSTANGEN

- Blätterteig gleichmäßig ausrollen, mit Ei bestreichen und mit Parmesan bestreuen. In etwa 2 cm breite und etwa 8 cm lange Streifen scheiden und im vorgeheizten Backrohr bei 180 Grad etwa 10 Minuten backen.

FERTIGSTELLUNG

- Kastaniensuppe auf Tellern anrichten, Blätterteig-Parmesanstangen dazu servieren.

Für 8 Personen

KASTANIENSUPPE
MIT ROTWEINBIRNEN

KASTANIENSUPPE

400 g	Kastanien, geschält
30 g	Butter
100 ml	Weißwein
2½ l	Geflügelbrühe (siehe Seite 165)
	Salz
	Pfeffer aus der Mühle
1 Msp.	Muskatnuss
100 ml	Sahne

ROTWEINBIRNEN

2	Williamsbirnen, geschält
300 ml	kräftiger Rotwein
1	Zimtrinde
1	Nelke

KASTANIENSUPPE

30 Minuten

- Kastanien in Butter anschwitzen, mit Weißwein ablöschen und mit Geflügelbrühe aufgießen. Mit Salz, Pfeffer und Muskatnuss würzen. Etwa 30 Minuten köcheln lassen, dann mit Sahne zu einer sämigen Suppe mixen.

ROTWEINBIRNEN

- Williamsbirnen in Würfel schneiden oder mithilfe eines Parisienneausstechers (Kugelausstecher) Kugeln ausstechen. Zusammen mit Rotwein, Zimtrinde und Nelke 3–4 Minuten aufkochen, anschließend im Sud auskühlen lassen.

FERTIGSTELLUNG

- Suppe auf Tellern anrichten und mit Rotweinbirnen garnieren.

Für 8 Personen

KASTANIEN-KÜRBISSUPPE

KASTANIENSUPPE

250 g	Kastanien, geschält
50 g	Sellerieknolle, fein geschnitten
1	Zwiebel, fein geschnitten
30 g	Butter
100 ml	Weißwein
1½ l	Geflügelbrühe (siehe Seite 165)
	Salz
	Pfeffer aus der Mühle
1 Msp.	Muskatnuss
50 ml	Sahne

KÜRBISSUPPE

300 g	Kürbis, geschält und in grobe Würfel geschnitten
50 g	Sellerieknolle, fein geschnitten
1	Zwiebel, fein geschnitten
50 g	Lauch, fein geschnitten
30 g	Butter
100 ml	Weißwein
1½ l	Geflügelbrühe (siehe Seite 165)
	Salz
1 Msp.	Muskatnuss
	Pfeffer aus der Mühle
100 ml	Sahne

KASTANIENSUPPE

- Kastanien, Sellerie- und Zwiebelwürfel in Butter farblos anschwitzen. Mit Weißwein ablöschen und mit Geflügelbrühe aufgießen. Mit Salz, Pfeffer und Muskatnuss würzen und etwa 30 Minuten köcheln lassen.
- Sahne dazugeben und mit dem Pürierstab zu einer sämigen Suppe mixen.

KÜRBISSUPPE

- Kürbis, Sellerie, Zwiebel und Lauch in Butter anschwitzen, danach mit Weißwein ablöschen und mit Geflügelbrühe aufgießen. Mit Salz, Muskatnuss und Pfeffer abschmecken.
- Etwa 30 Minuten köcheln lassen, dann mit Sahne zu einer sämigen Suppe mixen.

FERTIGSTELLUNG

- Beide Suppen gleichzeitig in Teller gießen und servieren.

30 Minuten

TIPP

- Sie können statt der Kürbissuppe auch eine Broccolisuppe servieren, ersetzen Sie dazu den Kürbis durch Broccoli.

Für 8 Personen

EINGEBRANNTE DINKEL-KASTANIENSUPPE

ZUTATEN

180 g	Dinkelvollkornmehl
200 g	Kastanien, geschält
100 ml	Weißwein
2½ l	Gemüsebrühe (siehe Seite 164)
	Salz
	Pfeffer aus der Mühle
1 Msp.	Muskatnuss
1	Lorbeerblatt

ZUBEREITUNG

- Dinkelmehl unter ständigem Rühren mit einem Holzlöffel braun einbrennen. Anschließend Kastanien dazugeben, mit Weißwein ablöschen und mit Gemüsebrühe aufgießen. Mit Salz, Pfeffer, Muskatnuss und Lorbeerblatt würzen. Etwa 30 Minuten köcheln lassen, dann die Kastanien etwas zerdrücken.
- Die Suppe in Teller gießen und servieren.

30 Minuten

TIPP

- Sie können die Suppe auch mit ein paar Tropfen Trüffelöl verfeinern.

KARTOFFELTEIGTASCHEN MIT KASTANIEN-RICOTTA-FÜLLUNG

AUF PÜRIERTEM BLAUKRAUT UND GEBRATENEN APFELSPALTEN

Für 4 Personen

1½ Stunden

KARTOFFEL-TEIGTASCHEN

- 600 g Kartoffelteig (siehe Seite 166)
- etwas Mehl zum Ausrollen
- 300 g Kastanienpüree (siehe Seite 164)
- 150 g Ricotta
- 1 Eiweiß

BLAUKRAUT

- ½ Zwiebel, in Streifen geschnitten
- 1 Knoblauchzehe, fein gehackt
- 20 g Butter
- 300 g Blaukraut, in Streifen geschnitten
- 100 ml Rotwein
- 50 ml Rotweinessig
- 1 EL Johannisbeergelee
- 1 Wacholderbeere, gehackt
- 1 Lorbeerblatt
- 1 Apfel, gerieben
- 500 ml Wasser
- Salz
- Pfeffer aus der Mühle

GEBRATENE APFELSPALTEN

- 2 Äpfel
- 10 g Butter

WEITERES

- 2 EL Rucola, fein geschnitten

KARTOFFELTEIGTASCHEN

- Kartoffelteig auf einer bemehlten Arbeitsfläche 3–4 mm dick ausrollen und runde Teigblätter (8 cm Ø) ausstechen.
- Kastanienpüree mit Ricotta verrühren und die Masse mit einem Teelöffel auf die Teigblätter geben. Anschließend die Ränder mit Eiweiß bestreichen, zusammenfalten und mit den Fingern andrücken.

BLAUKRAUT

- Zwiebel und Knoblauch in Butter anschwitzen, anschließend Blaukraut dazugeben, etwas dünsten lassen und mit Rotwein und Rotweinessig ablöschen. Johannisbeergelee, Wacholderbeere, Lorbeerblatt, Apfel und Wasser dazugeben, mit Salz und Pfeffer würzen.
- Zugedeckt etwa 1 Stunde weich kochen, dann mit dem Pürierstab fein pürieren.

GEBRATENE APFELSPALTEN

- Äpfel schälen, Kernhaus entfernen und in Spalten schneiden. Butter in einer Pfanne erhitzen und die Apfelspalten darin kurz anbraten.

FERTIGSTELLUNG

- Kartoffelteigtaschen in Salzwasser 1–2 Minuten kochen lassen.
- Anschließend mit einer Schaumkelle herausnehmen, auf Blaukrautpüree anrichten und mit gebratenen Apfelspalten und Rucola garnieren.

Kartoffelteigtaschen mit Kastanien-Ricotta-Füllung
auf püriertem Blaukraut und gebratenen Apfelspalten

Für 4 Personen

KARTOFFELTEIGTASCHEN

MIT KASTANIEN-SCHALOTTENFÜLLUNG UND SALBEIBUTTER

40 Minuten

KASTANIEN-SCHALOTTENFÜLLUNG

300 g Kastanien, geschält
4 Schalotten, fein geschnitten
20 g Butter
50 ml Rotwein
100 ml braune Grundsauce (siehe Seite 165)
100 ml Wasser
1 Lorbeerblatt

KARTOFFELTEIGTASCHEN

600 g Kartoffelteig (siehe Seite 166)
50 g Mehl zum Ausrollen
1 Eiweiß

WEITERES

80 g Butter
4–5 Salbeiblätter
70 g Parmesan, gerieben
4 glasierte Kastanien zum Garnieren (siehe Seite 42)

KASTANIEN-SCHALOTTENFÜLLUNG

- Kastanien und Schalotten in Butter andünsten, dann mit Rotwein ablöschen. Braune Grundsauce, Wasser und Lorbeerblatt dazugeben. Zugedeckt etwa 30 Minuten garen, bis die Flüssigkeit vollständig verkocht ist und die Kastanien weich sind.
- Kastanien mit der Gabel leicht zerdrücken.

KARTOFFELTEIGTASCHEN

- Kartoffelteig auf einer bemehlten Arbeitsfläche 4–5 mm dick ausrollen und Kreise (etwa 5 cm Ø) ausstechen.
- Auf die Hälfte der Kartoffelteigkreise mit einem Teelöffel etwas Kastanien-Schalottenfüllung setzen. Ränder mit Eiweiß bestreichen und einen zweiten Kartoffelteigkreis darauflegen, mit den Fingern gut andrücken.

FERTIGSTELLUNG

- Butter in einem Topf mit Salbeiblättern kurz erhitzen. Teigtaschen in Salzwasser etwa 2 Minuten kochen lassen, mit einer Schaumkelle herausnehmen und gut abtropfen lassen.
- Auf Tellern anrichten, mit Parmesan bestreuen und mit Butter abschmälzen, mit Kastanien und Salbeiblättern garniert servieren.

Für 4 Personen

SCHUPFNUDELN

MIT KASTANIEN, WIRSING UND GERASPELTEM ALMKÄSE

ZUTATEN

200 g	Kastanien, geschält
500 ml	Gemüsebrühe (siehe Seite 164)
600 g	Kartoffelteig (siehe Seite 166)
300 g	Wirsing, in Würfel geschnitten
½	Zwiebel, fein geschnitten
1	Knoblauchzehe, fein gehackt
100 g	Butter
	Salz
	Pfeffer aus der Mühle
1 Msp.	Muskatnuss
150 g	Almkäse, geraspelt

ZUBEREITUNG

- Kastanien in Gemüsebrühe etwa 15 Minuten kochen, anschließend abseihen.
- Aus dem Kartoffelteig 5 cm lange, fingerdicke Schupfnudeln formen. Im kochenden Salzwasser kurz aufkochen lassen. Herausnehmen und mit kaltem Wasser abschrecken, gut abtropfen lassen.
- Wirsing, Zwiebel- und Knoblauchwürfel in Butter andünsten, mit Salz, Pfeffer und Muskatnuss würzen. Kastanien dazugeben. Schupfnudeln noch einmal kurz in kochendem Wasser erwärmen, abseihen und in der Pfanne mit Wirsing schwenken.
- Auf Teller verteilen, mit Almkäse bestreuen und servieren.

40 Minuten

TIPP

- Sie können anstelle von Almkäse auch einen anderen würzigen Käse verwenden.

Für 4 Personen

KASTANIEN-KARTOFFELNOCKEN MIT PALABIRNEN
UND GEHOBELTEM PARMESAN

KASTANIEN-KARTOFFEL-NOCKEN

- 250 g Kartoffeln
- 200 g Kastanienpüree (siehe Seite 164)
- 250 g Mehl
- 3 Eigelb
- Salz
- Pfeffer aus der Mühle
- 1 Msp. Muskatnuss

WEITERES

- 2 Palabirnen
- 50 g Butter
- 2 Salbeiblätter
- 80 g Parmesanspäne zum Garnieren
- 12 glasierte Kastanien zum Garnieren (siehe Seite 42)

30 Minuten

KASTANIEN-KARTOFFELNOCKEN

- Kartoffeln kochen, schälen und durch die Kartoffelpresse drücken. Zusammen mit Kastanienpüree, Mehl, Eigelb, Salz, Pfeffer und Muskatnuss auf einer bemehlten Arbeitsfläche zu einem Teig verkneten.
- Aus dem Teig etwa 2 cm dicke Stränge formen und etwa 2 cm lange Stücke abschneiden. Nocken mit etwas Mehl bestreuen, damit sie nicht zusammenkleben.
- In reichlich kochendem Salzwasser aufkochen lassen, mit der Schaumkelle herausnehmen, kurz im kalten Wasser abschrecken und gut abtropfen lassen.

FERTIGSTELLUNG

- Kastanien-Kartoffelnocken im kochenden Wasser nochmals kurz erwärmen.
- Palabirnen in Würfel schneiden, mit Salbeiblättern in Butter kurz anschwitzen, dann die Nocken dazugeben und kurz durchschwenken.
- Auf Tellern anrichten, mit Parmesanspänen und glasierten Kastanien garnieren und servieren.

TIPP

- Die Palabirne ist eine alte Vinschger Birnensorte. Sie können für dieses Gericht natürlich auch andere Birnen verwenden.

Für 4 Personen

BUCHWEIZENSPATZLEN

MIT KASTANIEN, WIRSING UND SÜDTIROLER SPECK

40 Minuten + Ruhezeit

BUCHWEIZENSPATZLEN

200 g Buchweizenmehl, fein gemahlen
50 g Weizenmehl
3 Eier
150 ml kaltes Wasser
Salz
Pfeffer aus der Mühle
1 Msp. Muskatnuss

WEITERES

200 g Kastanien, geschält
500 ml Gemüsebrühe (siehe Seite 164)
200 g Wirsing, in Würfel geschnitten
½ Zwiebel, fein geschnitten
1 Knoblauchzehe, fein gehackt
30 g Butter
100 g Südtiroler Speck, in Streifen geschnitten
Salz
Pfeffer aus der Mühle
100 g würziger Käse, geraspelt

BUCHWEIZENSPATZLEN

- In einer Schüssel Buchweizenmehl, Weizenmehl, Eier, Wasser, Salz, Pfeffer und Muskatnuss mit dem Holzlöffel zu einem Teig verrühren, bis dieser Blasen wirft. Teig etwas ruhen lassen.
- Teig in einen Spatzlhobel füllen und damit ins kochende Salzwasser hobeln. Wenn die Spatzlen an die Oberfläche kommen, sind sie gar. Mit der Schaumkelle herausnehmen, mit kaltem Wasser abschrecken und gut abtropfen lassen.

FERTIGSTELLUNG

- Kastanien in Gemüsebrühe zugedeckt etwa 15 Minuten garen.
- Wirsing, Zwiebel- und Knoblauchwürfel in Butter etwa 2 Minuten leicht andünsten. Speckstreifen und Kastanien zufügen, mit Salz und Pfeffer würzen. Spatzlen dazugeben, alles gut durchschwenken und auf Tellern anrichten. Mit würzigem Käse servieren.

Für 4 Personen

KASTANIENSOUFFLÉ AUF BLAUKRAUT

BLAUKRAUT

- 1 Zwiebel, in Streifen geschnitten
- 500 g Blaukraut, gehobelt oder in Streifen geschnitten
- 2 EL Butter
- 1 Apfel, geraspelt
- 150 ml Rotwein
- 150 ml Rotweinessig
- 3 EL Johannisbeergelee
- Salz
- Pfeffer aus der Mühle
- 2 Wacholderbeeren, fein gehackt
- 1 Lorbeerblatt
- 500 ml Wasser

KASTANIENSOUFFLÉ

- 250 ml Milch
- 70 g Butter
- Salz
- Pfeffer aus der Mühle
- 1 Msp. Muskatnuss
- 50 g Mehl
- 3 Eiweiß
- 250 g Kastanienpüree (siehe Seite 164)
- 3 Eigelb

WEITERES

- 20 g Butter
- Weißbrotbrösel

45 Minuten

BLAUKRAUT

- Zwiebel- und Blaukrautstreifen in Butter andünsten, Apfel, Rotwein, Rotweinessig und Johannisbeergelee zugeben und mit Salz, Pfeffer, Wacholderbeeren und Lorbeerblatt würzen.
- Mit Wasser aufgießen und zugedeckt etwa 1 Stunde weich kochen. Die Flüssigkeit sollte ziemlich verkocht sein.

KASTANIENSOUFFLÉ

- Milch, Butter, Salz, Pfeffer und Muskatnuss zum Kochen bringen. Mehl mit dem Holzlöffel zuerst langsam, dann kräftig unterrühren, bis sich der Teig vom Topf löst, anschließend vom Herd ziehen.
- Eiweiß steif schlagen.
- Kastanienpüree, Eigelb und Eiweiß unter die Teigmasse heben.
- Souffléformen mit Butter auspinseln und mit Weißbrotbröseln ausstreuen. Formen ¾ voll mit Soufflémasse füllen, auf ein tiefes Backblech stellen und etwas heißes Wasser angießen.
- Im Backrohr bei 70 Grad etwa 20 Minuten garen, dann die Temperatur auf 180 Grad erhöhen und weitere 15 Minuten backen.

FERTIGSTELLUNG

- Blaukraut auf Tellern anrichten. Kastaniensoufflé aus der Form stürzen und auf dem Blaukraut servieren.

Kastaniensoufflé auf Blaukraut

Kastanienknödel auf Kürbissauce mit Broccoliröschen

Für 4 Personen

KASTANIENKNÖDEL AUF KÜRBISSAUCE

MIT BROCCOLIRÖSCHEN

KASTANIENKNÖDEL

150 g Kastanien, geschält
250 ml braune Grundsauce (siehe Seite 165)
1 Lorbeerblatt
250 g Knödelbrot
1 Zwiebel, fein geschnitten
20 g Butter
150 ml Milch
3 Eier
30 g Parmesan, gerieben
Salz
Pfeffer aus der Mühle
1 Msp. Muskatnuss

KÜRBISSAUCE

300 g Kürbis, geschält und in Würfel geschnitten
2 Schalotten, fein geschnitten
¼ Lauchstange, grob geschnitten
20 g Butter
Salz
Pfeffer aus der Mühle
1 Msp. Muskatnuss
100 ml Weißwein
100 ml Sahne

WEITERES

12 blanchierte Broccoliröschen zum Garnieren

KASTANIENKNÖDEL

- Kastanien mit brauner Grundsauce und Lorbeerblatt zugedeckt etwa 30 Minuten weich kochen. Lorbeerblatt herausnehmen und die Sauce fast einkochen lassen. Kastanien mit einer Gabel etwas zerdrücken und zum Knödelbrot geben.
- Zwiebelwürfel in Butter anrösten, dann zusammen mit Milch, Eiern, Parmesan, Salz, Pfeffer und Muskatnuss zum Knödelbrot geben. Alles gut vermengen.
- Aus der Masse Knödel formen und im Knödeldämpfer etwa 20 Minuten dämpfen.

KÜRBISSAUCE

- Kürbis, Schalotten und Lauch in Butter leicht anschwitzen, mit Salz, Pfeffer und Muskatnuss würzen. Anschließend mit Weißwein ablöschen. Wenn der Weißwein fast eingekocht ist, Sahne zugeben und noch einmal einige Minuten kochen lassen.
- Mit dem Pürierstab oder im Mixer zu einer sämigen Sauce mixen.

FERTIGSTELLUNG

- Broccoliröschen erwärmen. Sauce auf Teller verteilen, die gedämpften Kastanienknödel darauf anrichten und mit Broccoliröschen garnieren.

30 Minuten

TIPPS

- Sie können statt des Knödeldämpfers auch einen Topf mit Dämpfeinsatz oder einen Dampfgarer verwenden.
- Wenn Sie die Knödel in Salzwasser kochen, dann müssen Sie zur Knödelmasse noch 2 Esslöffel Mehl dazugeben. Machen Sie einen Probeknödel, damit Sie sicher sind, dass die Knödelmasse die richtige Konsistenz hat.

Für 4 Personen

KNÖDELSCHEIBEN

AUF KASTANIENSAUCE MIT SPECK

KNÖDELSCHEIBEN

- 1 Zwiebel, fein geschnitten
- 40 g Butter
- 250 g Knödelbrot
- 200 ml Milch
- 3 Eier
- 3 EL Petersilie, fein geschnitten
- Salz
- Pfeffer aus der Mühle

KASTANIENSAUCE

- 1 EL Zucker
- 200 g Kastanien, geschält
- 2 Schalotten, geschält und geviertelt
- 20 g Butter
- 100 ml Weißwein
- 500 ml braune Grundsauce (siehe Seite 165)

WEITERES

- 50 g Speck, in Streifen geschnitten
- 1 TL Butter

1 Stunde

KNÖDELSCHEIBEN

- Zwiebelwürfel in Butter leicht anschwitzen und zum Knödelbrot geben. Mit Milch, Eiern, Petersilie, Salz und Pfeffer zu einer lockeren Knödelmasse vermengen. Aus der Masse etwa 5 cm dicke und 10–20 cm lange Rollen formen.
- In einem Knödeldämpfer etwa 20 Minuten dämpfen.

KASTANIENSAUCE

- Zucker in einem kleinen Topf karamellisieren lassen. Kastanien, Schalotten und Butter dazugeben, mit Weißwein ablöschen und die Flüssigkeit etwas einreduzieren lassen.
- Braune Grundsauce dazugeben und etwa 15 Minuten langsam einkochen lassen.

FERTIGSTELLUNG

- Speckstreifen in Butter bei schwacher Hitze kurz anbraten.
- Knödel in Scheiben schneiden und zusammen mit Kastaniensauce und Speckstreifen auf Tellern anrichten und servieren.

TIPPS

- Sie können die Knödel auch in einem Topf mit Dämpfeinsatz bzw. im Dampfgarer dämpfen. Oder Sie wickeln die Knödelrollen in Klarsichtfolie und Alufolie ein und garen sie in leicht kochendem Wasser zugedeckt etwa 20 Minuten.
- Sie können zur Knödelmasse auch 2 geraspelte Äpfel geben, die Knödel bekommen dann einen fruchtigen Geschmack.

Knödelscheiben auf Kastaniensauce mit Speck

Für 4 Personen

KASTANIENRAVIOLI
AUF SELLERIE-RAHMSAUCE

KASTANIENRAVIOLI

500 g Nudelteig (siehe Seite 166)
100 g Mehl zum Ausrollen
400 g Kastanienpüree (siehe Seite 164)
etwas Wasser oder Eiweiß

SELLERIE-RAHMSAUCE

¼ Sellerieknolle
2 Schalotten, fein geschnitten
1 Knoblauchzehe, fein geschnitten
1 EL Butter
100 ml Weißwein
200 ml Sahne
Salz
Pfeffer aus der Mühle
1 Msp. Muskatnuss

WEITERES

50 g Parmesan, gerieben
4 Sellerieblätter zum Garnieren

KASTANIENRAVIOLI

▸ Nudelteig mit der Nudelmaschine dünn ausrollen (etwa 10 cm breit). Teigblätter auf eine bemehlte Arbeitsfläche legen und mit einem Spritzsack oder einem Teelöffel Kastanienpüree im Abstand von 5 bis 6 cm darauf verteilen. Den Rand mit Wasser bestreichen, mit einem zweiten Teigblatt abdecken und Ränder gut mit den Fingern andrücken. Mit einem Ausstecher Ravioli ausstechen.

SELLERIE-RAHMSAUCE

▸ Sellerieknolle in Würfel schneiden, mit Schalotten und Knoblauch in Butter farblos anschwitzen. Mit Weißwein ablöschen und Flüssigkeit fast vollständig einkochen lassen. Sahne dazugeben, ebenfalls reduzieren, bis die Sauce sämig wird. Mit Salz, Pfeffer und Muskatnuss würzen und mit dem Pürierstab aufmixen.

FERTIGSTELLUNG

▸ Ravioli in reichlich kochendem Salzwasser 1–2 Minuten garen, mit der Schaumkelle aus dem Wasser nehmen und gut abtropfen lassen. Sellerie-Rahmsauce auf Teller geben, Ravioli darauf anrichten. Mit Parmesan bestreuen und mit Sellerieblatt garniert servieren.

40 Minuten

TIPP

▸ Sie können die Ravioli auch mit einer Kürbissauce servieren. Dazu ersetzen Sie den Sellerie durch die gleiche Menge Kürbis.

Für 4 Personen

GARGANELLI MIT KASTANIEN
UND KÜRBIS IN RUCOLASAUCE

ZUTATEN

200 g	Kastanien, geschält
500 ml	Gemüsebrühe (siehe Seite 164)
½	Zwiebel, fein geschnitten
50 g	Butter
100 ml	Weißwein
200 ml	Sahne
100 g	Rucola, gewaschen
	Salz
	Pfeffer aus der Mühle
1 Msp.	Muskatnuss
200 g	Kürbis, in Würfeln geschnitten

WEITERES

500 g	Garganelli
100 g	Parmesan, gerieben

ZUBEREITUNG

20 Minuten

- Kastanien in Gemüsebrühe etwa 15 Minuten zugedeckt weich kochen und abseihen.
- Zwiebel in 25 g Butter anschwitzen und mit Weißwein ablöschen. Sahne dazugeben und etwas einreduzieren lassen. Rucola zufügen und im Mixer oder mit dem Pürierstab mixen. Mit Salz, Pfeffer und Muskatnuss würzen.
- Kürbiswürfel mit Kastanien kurz in der restlichen Butter anschwitzen und zur Rucolasauce geben.
- Garganelli in reichlich Salzwasser bissfest kochen, abseihen und mit der Sauce vermengen. Auf Tellern anrichten und mit Parmesan servieren.

Für 4 Personen

TAGLIATELLE IN WEISSBURGUNDERSAUCE

MIT KASTANIEN UND TRAUBEN

TAGLIATELLE

500 g Nudelteig (siehe Seite 166)

WEISSBURGUNDER-SAUCE

200 g Kastanien, geschält
500 ml Gemüsebrühe (siehe Seite 164)
200 g weiße Trauben
20 g Butter
2 Schalotten, fein geschnitten
20 g Mehl
150 ml Weißburgunder (oder anderer Weißwein)
300 ml Geflügelbrühe (siehe Seite 165)
Salz
Pfeffer aus der Mühle
1 Msp. Muskatnuss
200 ml Sahne

WEITERES

80 g Parmesan, gerieben

30 Minuten

TAGLIATELLE

- Nudelteig mit der Nudelmaschine 1–2 mm dick und 10 cm breit austreiben. Anschließend aus den Teigblättern mit der Nudelmaschine oder mit einem Messer Tagliatelle (Bandnudeln) schneiden und auf einem Blech ausbreiten.

WEISSBURGUNDERSAUCE

- Kastanien in Gemüsebrühe etwa 15 Minuten zugedeckt weich kochen, dann mit einer Schaumkelle herausnehmen.
- Trauben in wenig Wasser aufkochen lassen, anschließend abseihen, schälen, halbieren und entkernen.
- Butter in einem kleinen Topf zerlassen, Schalotten darin kurz anschwitzen, mit Mehl verrühren und mit Weißburgunder ablöschen, anschließend Geflügelbrühe dazugeben. Mit Salz, Pfeffer und Muskatnuss würzen und mindestens 10 Minuten kochen lassen.
- Danach Sahne zufügen, noch etwas einkochen lassen und mit dem Pürierstab aufmixen. Kastanien und Trauben zur Sauce geben.

FERTIGSTELLUNG

- Tagliatelle in reichlich kochendem Salzwasser bissfest kochen, abseihen und mit der Weißburgundersauce vermengen. Auf Tellern anrichten und mit Parmesan bestreut servieren.

Pappardelle in Speck-Steinpilzsauce mit Kastanien

Für 4 Personen

PAPPARDELLE IN SPECK-STEINPILZSAUCE
MIT KASTANIEN

PAPPARDELLE

500 g Nudelteig (siehe Seite 166)
100 g Mehl zum Ausrollen

SPECK-STEINPILZSAUCE

200 g Kastanien, geschält
500 ml Gemüsebrühe (siehe Seite 164)
½ Zwiebel, fein geschnitten
1 Knoblauchzehe, fein gehackt
200 g Steinpilze, in Scheiben geschnitten
50 g Butter
100 g Speck, in Streifen geschnitten
100 ml Weißwein
200 ml Sahne
Salz
Pfeffer aus der Mühle

WEITERES

2 EL Petersilie, fein geschnitten
80 g Parmesan, gerieben

PAPPARDELLE

- Nudelteig mit der Nudelmaschine etwa 2 mm dick und 10 cm breit ausrollen. Teigblätter auf einer bemehlten Arbeitsfläche mit einem Krapfenrad in 2–3 cm breite Bandnudeln schneiden und auf ein Blech legen.

SPECK-STEINPILZSAUCE

- Kastanien in Gemüsebrühe etwa 15 Minuten zugedeckt weich kochen, dann mit einer Schaumkelle herausnehmen.
- Zwiebel, Knoblauch und Steinpilze in Butter anrösten, Speckstreifen dazugeben und mit Weißwein ablöschen. Anschließend Sahne und Kastanien zufügen, mit Salz und Pfeffer würzen.
- Die Sauce einkochen lassen, bis sie sämig ist.

FERTIGSTELLUNG

- Pappardelle in reichlich kochendem Salzwasser bissfest kochen und abseihen. Petersilie unter die Speck-Steinpilzsauce rühren. Sauce auf Teller verteilen, Pappardelle darauf anrichten und mit Parmesan servieren.

30 Minuten

TIPP

- Wenn es schnell gehen soll, dann können Sie natürlich auch fertige Pappardelle verwenden.

Für 4 Personen

TAGLIARINI MIT KASTANIEN
UND PFIFFERLING-LAGREINSAUCE

TAGLIARINI

500 g Nudelteig (siehe Seite 166)
100 g Mehl zum Ausrollen

PFIFFERLING-LAGREINSAUCE

200 g Kastanien, geschält
500 ml Gemüsebrühe (siehe Seite 164)
250 g Pfifferlinge, geputzt und gewaschen
2 Schalotten, fein geschnitten
50 g Butter
150 ml Lagrein (oder anderer Rotwein)
250 ml braune Grundsauce (siehe Seite 165)
Salz
Pfeffer aus der Mühle

WEITERES

80 g Parmesan, gehobelt
1 EL Petersilie, fein geschnitten

30 Minuten

TAGLIARINI

- Nudelteig mit der Nudelmaschine 1–2 mm dick und 10 cm breit ausrollen, den Teig mit Mehl bestreuen und anschließend mit der Nudelmaschine zu Tagliarini verarbeiten.

PFIFFERLING-LAGREINSAUCE

- Kastanien in Gemüsebrühe etwa 15 Minuten zugedeckt weich kochen, dann mit einer Schaumkelle herausnehmen.
- Pfifferlinge und Schalotten in 25 g Butter leicht anrösten, Kastanien dazugeben, mit Lagrein ablöschen und auf die Hälfte einkochen lassen.
- Anschließend braune Grundsauce zugeben und noch etwas einkochen lassen. Mit Salz und Pfeffer würzen und mit der restlichen Butter verfeinern.

FERTIGSTELLUNG

- Tagliarini in reichlich kochendem Salzwasser bissfest kochen und abseihen. Pfifferling-Lagreinsauce auf Teller geben, Tagliarini darauf anrichten und mit Parmesan und Petersilie garnieren.

Für 4 Personen

ROTWEINRISOTTO

MIT KASTANIEN, ZIEGENFRISCHKÄSE UND FRISCHER PFEFFERMINZE

ROTWEINRISOTTO

- 150 g Reis (Arborio oder Vialone Nano)
- ½ Zwiebel, fein geschnitten
- 1 Knoblauchzehe, fein geschnitten
- 70 g Butter
- 200 g Kastanien, geschält
- 150 ml Rotwein (Merlot oder Lagrein)
- 1 l Gemüsebrühe (siehe Seite 164)
- 10 Pfefferminzblätter, fein geschnitten
- 50 g Parmesan, gerieben
- Salz
- Pfeffer aus der Mühle

WEITERES

- 150 g Ziegenfrischkäse
- Pfeffer aus der Mühle
- Pfefferminzblätter zum Garnieren

ROTWEINRISOTTO

30 Minuten

- Reis, Zwiebelwürfel und Knoblauch mit der Hälfte der Butter andünsten, danach Kastanien zugeben und mit Rotwein ablöschen. Unter ständigem Rühren nach und nach Gemüsebrühe zugießen.
- Nach etwa 18 Minuten Garzeit die restliche Butter, einen Teil der Pfefferminzblätter und Parmesan untermengen, mit Salz und Pfeffer würzen.

FERTIGSTELLUNG

- Ziegenfrischkäse in einer Schüssel mit etwas Pfeffer und den restlichen Pfefferminzblättern verrühren.
- Rotweinrisotto auf Tellern anrichten, etwas Ziegenfrischkäse daraufgeben und mit Pfefferminze garniert servieren.

TIPP

- Anstelle des Ziegenfrischkäses kann man auch einen anderen Frischkäse verwenden.

Für 4 Personen

WEISSWEINRISOTTO

MIT KASTANIEN, STANGENSELLERIE UND WILDFLEISCHSTREIFEN

WEISSWEINRISOTTO

- 150 g Reis (Arborio oder Vialone Nano)
- ½ Zwiebel, fein geschnitten
- 1 Knoblauchzehe, fein gehackt
- 70 g Butter
- 150 g Stangensellerie, geschält und in Scheiben geschnitten
- 150 g Kastanien, geschält
- 150 ml Weißburgunder
- 1 l Gemüsebrühe (siehe Seite 164)
- Salz
- Pfeffer aus der Mühle
- 100 g Parmesan, gerieben

WILDFLEISCHSTREIFEN

- 4 Wildmedaillons (aus der Keule) zu je 100 g
- Salz
- Pfeffer aus der Mühle
- 1 EL Olivenöl
- 20 g Butter
- 3 Wacholderbeeren, zerdrückt
- 2 Salbeiblätter
- 1 Rosmarinzweig

WEISSWEINRISOTTO

30 Minuten

- Reis mit Zwiebelwürfeln, Knoblauch und der Hälfte der Butter glasig andünsten. Sellerie und Kastanien dazugeben und mit Weißburgunder ablöschen. Unter ständigem Rühren nach und nach Gemüsebrühe dazugeben, mit Salz und Pfeffer würzen.
- Nach etwa 15 Minuten geriebenen Parmesan und die restliche Butter unterrühren, noch etwa 3 Minuten kochen lassen.

WILDFLEISCHSTREIFEN

- Willdfleischmedaillons mit Salz und Pfeffer würzen und kurz in heißem Olivenöl anbraten. Butter, Wacholderbeeren, Salbei und Rosmarin zufügen, vom Herd nehmen und 1–2 Minuten ruhen lassen. In Streifen schneiden.

FERTIGSTELLUNG

- Risotto auf Teller geben, das in Streifen geschnittene Fleisch darauf anrichten und servieren.

TIPP

- Statt Stangensellerie können Sie auch Apfelwürfel verwenden.

Rotweinrisotto mit Kastanien, Ziegenfrischkäse und frischer Pfefferminze

Weißweinrisotto mit Kastanien, Stangensellerie und Wildfleischstreifen

Für 8 Personen

DINKEL-GERSTENRISOTTO
MIT KASTANIEN UND MASCARPONE

DINKEL-GERSTEN-RISOTTO MIT KASTANIEN

- 100 g Dinkel, eingeweicht
- 3 Schalotten, fein geschnitten
- 1 Knoblauchzehe, fein gehackt
- 50 g Butter
- 100 ml Weißwein
- 3 l Gemüsebrühe (siehe Seite 164)
- 100 g Gerste
- 200 g Kastanien, geschält

WEITERES

- 300 g Gemüse (Karotte, Sellerie, Lauch, Zucchini, Peperoni), in Würfel geschnitten
- 2 EL Olivenöl
- 50 g Mascarpone
- 50 g Parmesan
- Salz
- Pfeffer aus der Mühle
- 2 EL Schnittlauch, fein geschnitten

DINKEL-GERSTENRISOTTO MIT KASTANIEN

- Dinkel, Schalotten und Knoblauch in Butter glasig anschwitzen, mit Weißwein ablöschen. Wenn der Weißwein verkocht ist, nach und nach mit Gemüsebrühe aufgießen. Etwa 30 Minuten langsam köcheln lassen.
- Gerste und Kastanien zum Dinkel geben, eventuell etwas Gemüsebrühe nachgießen und nochmals etwa 30 Minuten langsam kochen lassen.

FERTIGSTELLUNG

- Gemüsewürfel kurz in Olivenöl andünsten, anschließend zusammen mit Mascarpone und Parmesan unter den sämigen Dinkel-Gerstenrisotto rühren. Mit Salz und Pfeffer würzen.
- Risotto auf Tellern anrichten, mit Schnittlauch bestreuen und servieren.

1 Stunde

TIPPS

- Weichen Sie den Dinkel am besten schon am Vortag ein.
- Die Garzeit von Dinkel beträgt 50 – 60 Minuten, Gerste ist in 30 – 35 Minuten gar.
- Salzen Sie Dinkel immer erst zum Schluss, da er sonst nicht weich wird.

Für 4 Personen

REISRING MIT RAGOUT AUS KASTANIEN,
TRAUBEN UND WILDHASENRÜCKEN IN ROTWEINSAUCE

REISRING

- 200 g Reis
- ½ Zwiebel, mit Nelken gespickt
- 30 g Butter
- 400 ml Wasser
- Salz

RAGOUT VON KASTANIEN, TRAUBEN UND WILDHASENRÜCKEN

- 200 g Wildhasenrücken, pariert
- Salz
- Pfeffer aus der Mühle
- 2 EL Olivenöl
- 2 Wacholderbeeren, fein geschnitten
- 20 g Butter
- 2 Schalotten, fein geschnitten
- 1 Knoblauchzehe, fein gehackt
- 150 g Kastanien, geschält
- 150 ml kräftiger Rotwein
- 500 ml braune Wildsauce (siehe Seite 165)
- 100 g weiße und blaue Trauben, halbiert und entkernt

REISRING

- Reis zusammen mit der Zwiebel in Butter glasig anschwitzen, Wasser dazugeben, etwas salzen und aufkochen lassen. Anschließend zugedeckt am Herdrand oder bei geringer Hitze etwa 20 Minuten quellen lassen.

RAGOUT VON KASTANIEN, TRAUBEN UND WILDHASENRÜCKEN

- Wildhasenrücken in 2 cm große Würfel schneiden, mit Salz und Pfeffer würzen und im heißen Olivenöl etwa 1 Minute anbraten, Wacholderbeeren dazugeben. Fleisch aus der Pfanne nehmen (es soll innen noch rosa sein) und warm stellen.
- In derselben Pfanne Butter erhitzen. Darin Schalotten, Knoblauch und Kastanien anschwitzen, mit Rotwein ablöschen und die Flüssigkeit auf die Hälfte einreduzieren lassen.
- Anschließend mit brauner Wildsauce aufgießen und zugedeckt etwa 15 Minuten kochen lassen, bis die Kastanien weich sind. Trauben und Wildhasenrückenwürfel in die Sauce geben und leicht erhitzen.

FERTIGSTELLUNG

- Ringformen kurz ins heiße Wasser tauchen oder mit Öl einpinseln, damit der Reis nicht kleben bleibt. Mit Reis füllen, auf Teller stürzen und mit dem Wildhasenragout servieren.

40 Minuten

TIPP

- Statt Wildhasenrücken können Sie auch Kaninchenrücken oder Reh verwenden.

Für 8 Personen

KASTANIENSTRUDEL

MIT KÜRBIS UND SELLERIE AUF GEWÜRZTRAMINERSAUCE

KASTANIENSTRUDEL

500 g	Kastanien, geschält
500 ml	Gemüsebrühe (siehe Seite 164)
250 g	Sellerieknolle, in Streifen geschnitten
250 g	Kürbis, in Streifen geschnitten
½	Zwiebel, in Streifen geschnitten
2 EL	Olivenöl
	Salz
	Pfeffer aus der Mühle
1 Msp.	Muskatnuss
400 g	Blätterteig
1	Ei zum Bestreichen

GEWÜRZTRAMINER-SAUCE

2	Schalotten, fein geschnitten
20 g	Butter
1 EL	Mehl
150 ml	Gewürztraminer
500 ml	Geflügelbrühe (siehe Seite 165)
100 ml	Sahne
	Salz
	Pfeffer aus der Mühle

45 Minuten

KASTANIENSTRUDEL

- Kastanien in Gemüsebrühe etwa 15 Minuten zugedeckt weich kochen und abseihen.
- Sellerie-, Kürbis- und Zwiebelstreifen in Olivenöl kurz andünsten, mit Salz, Pfeffer und Muskatnuss würzen, die gekochten Kastanien zufügen und auskühlen lassen.
- Blätterteig auf einer bemehlten Arbeitsfläche ausrollen und in zwei Hälften schneiden. Die abgekühlte Füllung auf den beiden Teigblättern verteilen. 2 dünne Strudel formen und mit Ei bestreichen.
- Im vorgeheizten Backrohr bei 180 Grad 20–25 Minuten backen.

GEWÜRZTRAMINERSAUCE

- In einem Topf Schalotten mit Butter anschwitzen, mit Mehl bestreuen und mit Gewürztraminer ablöschen. Alles gut mit einem Schneebesen verrühren. Geflügelbrühe dazugeben und etwa 15 Minuten einkochen lassen.
- Dann Sahne zufügen und noch etwas einkochen lassen, mit Salz und Pfeffer würzen.
- Mit dem Pürierstab zu einer sämigen Sauce mixen.

FERTIGSTELLUNG

- Sauce auf Teller verteilen, Strudel in 4–5 cm breite Stücke schneiden und auf der Gewürztraminersauce anrichten.

Kastanienstrudel mit Kürbis und Sellerie auf Gewürztraminersauce

Blätterteigkissen mit Kastanien, Wildfleischwürfeln und Trauben in rosa Pfeffersauce

Für 8 Personen

BLÄTTERTEIGKISSEN MIT KASTANIEN,

WILDFLEISCHWÜRFELN UND TRAUBEN IN ROSA PFEFFERSAUCE

BLÄTTERTEIGKISSEN

200 g	Blätterteig
1	Ei

FÜLLUNG

400 g	Wildfleisch (Reh oder Hirsch), pariert und in Würfel geschnitten
	Salz
	Pfeffer aus der Mühle
2	Wacholderbeeren, fein gehackt
2 EL	Olivenöl
20 g	Butter
2	Schalotten, fein geschnitten
300 g	Kastanien, geschält
100 ml	Weißwein
250 ml	braune Wildsauce (siehe Seite 165)
200 g	weiße Trauben, halbiert und entkernt
2 EL	Cognac
½ TL	rosa Pfefferkörner
100 ml	Sahne

1 Stunde

BLÄTTERTEIGKISSEN

- Blätterteig auf einer bemehlten Arbeitsfläche gleichmäßig ausrollen (etwa 3 mm dick) und mit Ei bestreichen. Mit einem Krapfenrad 8 Blätterteigquadrate (etwa 8 cm) ausschneiden. Im vorgeheizten Backrohr bei 180 Grad etwa 10 Minuten goldbraun backen.

FÜLLUNG

- Wildfleischwürfel mit Salz, Pfeffer und Wacholderbeeren würzen und in heißem Olivenöl kurz anbraten (das Fleisch soll innen noch rosa sein). Herausnehmen und beiseitestellen.
- In derselben Pfanne Butter schmelzen lassen und darin Schalotten und Kastanien leicht andünsten, mit Weißwein ablöschen und Flüssigkeit auf die Hälfte einkochen lassen. Braune Wildsauce dazugeben und zugedeckt etwa 15 Minuten langsam einreduzieren lassen.
- Trauben, Cognac, Pfefferkörner und Sahne dazugeben und so lange einkochen lassen, bis die Sauce sämig wird. Mit Salz und Pfeffer würzen.
- Wildfleischwürfel in die Sauce geben und kurz erhitzen.

FERTIGSTELLUNG

- Blätterteigkissen quer durchschneiden. Füllung auf die Unterseite geben und auf Tellern anrichten. Die Oberseite als Deckel verwenden und servieren.

Für 4 Personen

CRÊPES MIT KASTANIEN,
BROCCOLI UND KALBFLEISCH AUF PORTWEINSAUCE

40 Minuten + Ruhezeit

CRÊPES

150 g Mehl
250 ml Milch
2 Eier
Salz
Pfeffer aus der Mühle
1 Msp. Muskatnuss
1 EL Schnittlauch, fein geschnitten
50 g Butter

FÜLLUNG

300 g Kalbfleisch (Hüfte, Nuss oder Kaiserteil), pariert
Salz
Pfeffer aus der Mühle
2 EL Olivenöl
200 g Kastanien, geschält
2 Schalotten, fein geschnitten
1 Knoblauchzehe, fein gehackt
30 g Butter
150 ml Portwein
500 ml braune Grundsauce (siehe Seite 165)

WEITERES

200 g Broccoliröschen, blanchiert

CRÊPES

- Mehl und Milch mit einem Schneebesen verrühren, Eier, Salz, Pfeffer, Muskatnuss und Schnittlauch unterziehen.
- In einer Pfanne etwas Butter zerlassen. Mit einer Kelle etwas Teig in die heiße Pfanne geben, Pfanne vorsichtig schwenken, sodass sich der Teig gleichmäßig dünn verteilt.
- Bei mäßiger Hitze backen, damit die Crêpes nicht verbrennen. Wenn die Oberfläche trocken ist und sich die Ränder lösen, umdrehen und fertig backen.
- Im Backrohr bei 80 Grad bis zum Füllen warm halten.

FÜLLUNG

- Kalbfleisch in Würfel schneiden, mit Salz und Pfeffer würzen und in heißem Olivenöl etwa 1 Minute anbraten. Anschließend aus der Pfanne nehmen und etwas ruhen lassen.
- Kastanien, Schalotten und Knoblauch in Butter andünsten, mit Portwein ablöschen und Flüssigkeit auf die Hälfte einreduzieren.
- Braune Grundsauce dazugeben und weitere 15 Minuten zugedeckt köcheln lassen.

FERTIGSTELLUNG

- Broccoliröschen und Kalbfleischwürfel zur Kastanien-Portweinsauce geben und erwärmen. Füllung auf den Crêpes verteilen, beliebig zusammenfalten und servieren.

Crêpes mit Kastanien, Broccoli und Kalbfleisch auf Portweinsauce

Für 4 Personen

KASTANIENPÜREE

MIT WACHTELSCHENKEL UND -BRÜSTCHEN

KASTANIENPÜREE

- 200 g Kastanien, geschält
- 250 ml braune Grundsauce (siehe Seite 165)
- 1 Lorbeerblatt
- 200 g Kartoffeln, geschält und in Würfel geschnitten
- 150 ml Milch
- 30 g Butter
- Salz
- Pfeffer aus der Mühle
- 1 Msp. Muskatnuss

WACHTELSCHENKEL UND -BRÜSTCHEN

- 4 Wachteln
- Salz
- Pfeffer aus der Mühle
- 1 EL Olivenöl
- 1 Rosmarinzweig
- 3 Salbeiblätter
- 1 Knoblauchzehe, geviertelt
- 2 EL Cognac

WEITERES

- 200 ml Wachtelsauce (siehe Seite 165)
- 20 g Butter

KASTANIENPÜREE

- Kastanien zusammen mit brauner Grundsauce, Lorbeerblatt und etwas Wasser zugedeckt etwa 30 Minuten garen, bis die Flüssigkeit fast eingekocht ist. Mit dem Mixer oder der Flotten Lotte pürieren.
- Kartoffeln in Salzwasser etwa 30 Minuten weich kochen, abseihen und noch heiß durch die Kartoffelpresse drücken.
- Milch leicht erwärmen und mit Kastanienpüree, Butter, Salz, Pfeffer und Muskatnuss zur Kartoffelmasse geben, gut verrühren.

WACHTELSCHENKEL UND -BRÜSTCHEN

- Schenkel und Brüstchen von den Wachteln lösen.
- Anschließend mit Salz und Pfeffer würzen und in Olivenöl kurz anbraten. Rosmarin, Salbei und Knoblauch dazugeben und weitere 1–2 Minuten braten, Cognac darübergießen und flambieren. Die Brüstchen herausnehmen und warm stellen.
- Die Schenkel noch 2–3 Minuten langsam weiterbraten, dann ebenfalls herausnehmen und warm halten.

FERTIGSTELLUNG

- Wachtelsauce mit Butter verfeinern. Kastanienpüree mit dem Spritzsack auf Teller geben. Jeweils eine Brust und zwei Keulen auf das Püree legen, mit Sauce servieren.

1 Stunde

TIPP

- Das Püree können Sie ganz einfach warm halten, in dem Sie den Topf ins warme Wasserbad stellen.

Kastanienpüree mit Wachtelschenkel und -brüstchen

Fasanenbrust mit Kastanien, Rhabarber und Duchesse-Kartoffeln

Für 4 Personen

FASANENBRUST MIT KASTANIEN,
RHABARBER UND DUCHESSE-KARTOFFELN

45 Minuten

FASANENBRUST

- 4 Fasanenbrüste zu je 140 g
- Salz
- Pfeffer aus der Mühle
- 1 EL Olivenöl
- 3 Salbeiblätter
- 30 g Butter

SAUCE

- 150 g Kastanien, geschält
- 1 EL Zucker
- 40 g Butter
- 50 ml Apfelessig
- 50 ml Weißwein
- 500 ml braune Grundsauce (siehe Seite 165)
- ½ TL Ingwer, gerieben
- 2 Rhabarberstängel
- 4 Frühlingszwiebeln, geviertelt
- 50 ml Sahne

DUCHESSE-KARTOFFELN

- 500 g Kartoffeln
- 30 g Butter
- 1 Ei
- Salz
- Pfeffer aus der Mühle
- 1 Msp. Muskatnuss

FASANENBRUST

- Fasanenbrüste mit Salz und Pfeffer würzen, in einer Pfanne mit Olivenöl 2–3 Minuten anbraten. Salbeiblätter und Butter dazugeben und bei schwacher Hitze noch etwa 1 Minute weitergaren. Die Fasanenbrüste sollen innen noch leicht rosa sein.
- Fleisch aus der Pfanne nehmen, in Alufolie wickeln und warm stellen.

SAUCE

- In derselben Pfanne Kastanien mit Zucker und 20 g Butter leicht glasieren. Mit Apfelessig und Weißwein ablöschen und Flüssigkeit auf die Hälfte einkochen lassen. Anschließend braune Grundsauce und Ingwer zufügen und etwa 15 Minuten köcheln lassen.
- Rhabarber in 2 cm große Würfel schneiden und mit Frühlingszwiebeln in 20 g Butter anschwitzen. Zusammen mit Sahne zu den Kastanien geben und so lange einreduzieren lassen, bis die Sauce sämig ist.

DUCHESSE-KARTOFFELN

- Kartoffeln schälen, in Würfel schneiden und in Salzwasser etwa 30 Minuten kochen, abseihen und durch die Kartoffelpresse in eine Schüssel drücken.
- Butter und Ei dazugeben, mit Salz, Pfeffer und Muskatnuss würzen und mit einem Holzlöffel gut verrühren. Kartoffelmasse mit dem Spritzsack rosettenförmig auf ein gefettetes Backblech spritzen.
- Im vorgeheizten Backrohr bei 180 Grad etwa 20 Minuten goldbraun backen.

FERTIGSTELLUNG

- Fasanenbrüste in 2–3 Scheiben schneiden. Kastanien-Rhabarbersauce auf Teller geben, Fasanenbrüste daraufsetzen und mit Duchesse-Kartoffeln servieren.

Für 4 Personen

MIT KÜRBISSTREIFEN ÜBERBACKENE HÜHNERBRUST
AUF KASTANIENSAUCE

⌚ 30 Minuten

HÜHNERBRUST

- 4 Hühnerbrüstchen zu je 150 g
- Salz
- Pfeffer aus der Mühle
- 2 EL Olivenöl

KRUSTE

- 200 g Kürbis, in feine Streifen geschnitten
- 50 g Butter
- 2 EL geröstete Kürbiskerne, grob gehackt
- 1 Ei
- 2 EL Weißbrotbrösel
- 2 EL Parmesan, gerieben
- 1 EL Petersilie, fein geschnitten
- Salz
- Pfeffer aus der Mühle
- 1 Msp. Muskatnuss

>>>

KASTANIENSAUCE

- 100 g Kastanien, geschält
- 2 Schalotten, grob geschnitten
- 10 g Butter
- 100 ml Weißwein
- 500 ml braune Grundsauce (siehe Seite 165)
- 1 Lorbeerblatt
- 100 ml Sahne
- Salz
- Pfeffer aus der Mühle

HÜHNERBRUST

▸ Hühnerbrust mit Salz und Pfeffer würzen und in Olivenöl auf beiden Seiten anbraten.

KRUSTE

▸ Kürbisstreifen kurz in Butter andünsten. In eine Schüssel geben und mit Kürbiskernen, Ei, Weißbrotbröseln, Parmesan und Petersilie vermengen. Mit Salz, Pfeffer und Muskatnuss würzen.

▸ Die Masse gleichmäßig auf die gebratenen Hühnerbrüste streichen und im vorgeheizten Backrohr bei 180 Grad 10–15 Minuten überbacken.

KASTANIENSAUCE

▸ Kastanien und Schalotten in Butter kurz anschwitzen, dann mit Weißwein ablöschen. Braune Grundsauce und Lorbeerblatt dazugeben und Flüssigkeit auf die Hälfte einkochen lassen (etwa 30 Minuten). Anschließend Sahne zufügen und noch etwas einreduzieren lassen, wenn nötig, etwas Wasser nachgießen. Mit Salz und Pfeffer würzen, Lorbeerblatt herausnehmen und alles mit dem Pürierstab zu einer sämigen Sauce mixen.

FERTIGSTELLUNG

▸ Hühnerbrüste aufschneiden (2–3 Scheiben), auf Tellern anrichten und mit der cremigen Kastaniensauce servieren.

Hühnerbrüstchen mit Salbei im Speckmantel
auf Kastanien, Rosenkohl, Schalotten und Pariser Kartoffeln

Für 4 Personen

HÜHNERBRÜSTCHEN MIT SALBEI IM SPECKMANTEL

AUF KASTANIEN, ROSENKOHL, SCHALOTTEN UND PARISER KARTOFFELN

40 Minuten

HÜHNERBRÜSTCHEN

- 4 Hühnerbrüstchen zu je 130 g
- Salz
- Pfeffer aus der Mühle
- 1 EL Olivenöl
- 4 Salbeiblätter
- 16 Scheiben Bauchspeck

KASTANIEN

- 1 TL Zucker
- 200 g Kastanien, geschält
- 300 ml Gemüsebrühe (siehe Seite 164)

PARISER KARTOFFELN

- 400 g Kartoffeln

WEITERES

- 150 g Schalotten, geviertelt
- 30 g Butter
- 200 g Rosenkohl, blanchiert und halbiert
- 1 EL Petersilie, fein geschnitten
- Salz
- Pfeffer aus der Mühle

HÜHNERBRÜSTCHEN

▸ Hühnerbrüstchen mit Salz und Pfeffer würzen und in Olivenöl kurz anbraten. Anschließend aus der Pfanne nehmen, jedes Hühnerbrüstchen mit einem Salbeiblatt belegen und mit 4 Speckscheiben umwickeln. Im vorgeheizten Backrohr bei 170 Grad etwa 15 Minuten garen, anschließend warm stellen.

KASTANIEN

▸ Zucker karamellisieren lassen, Kastanien dazugeben und mit Gemüsebrühe aufgießen. Etwa 15 Minuten zugedeckt weich kochen.

PARISER KARTOFFELN

▸ Kartoffeln schälen und mit dem Parisienneausstecher (Kugelausstecher) Kugeln ausstechen. In Salzwasser etwa 10 Minuten kochen, anschließend abseihen.

FERTIGSTELLUNG

▸ Schalotten und Kartoffeln in Butter goldbraun anbraten. Kastanien, Rosenkohl und Petersilie zufügen, mit Salz und Pfeffer würzen, gut durchschwenken und auf Tellern anrichten. Hühnerbrüstchen in 3–4 Scheiben schneiden, auf das Gemüse setzen und servieren.

Rosa gebratene Entenbrust mit Sesam
auf einem Ragout von Kastanien, Karotten, Kürbis und Rosenkohl mit Orangensauce

ROSA GEBRATENE ENTENBRUST

MIT SESAM AUF EINEM RAGOUT VON KASTANIEN, KAROTTEN, KÜRBIS UND ROSENKOHL MIT ORANGENSAUCE

Für 4 Personen

40 Minuten

ENTENBRUST MIT SESAM

- 4 Entenbrüste zu je 150g
- Salz
- Pfeffer aus der Mühle
- 1 EL Olivenöl
- 4 EL gerösteter Sesam

RAGOUT VON KASTANIEN, KAROTTEN, KÜRBIS UND ROSENKOHL

- 150 g Kastanien, geschält
- 500 ml Gemüsebrühe (siehe Seite 164)
- 150 g Karotten, in Würfel geschnitten
- 150 g Rosenkohl
- 30 g Butter
- 150 g Kürbis, in Würfel geschnitten
- Salz
- Pfeffer aus der Mühle

ORANGENSAUCE

- 1 EL Zucker
- 150 ml Orangensaft
- 500 ml braune Grundsauce (siehe Seite 165)
- 20 g Butter
- 1 EL Orangenlikör (z.B. Cointreau oder Grand Marnier)

ENTENBRUST MIT SESAM

- Haut der Entenbrüste gitterförmig einschneiden, mit Salz und Pfeffer würzen und in Olivenöl auf beiden Seiten anbraten.
- Anschließend auf der Hautseite 8–10 Minuten im vorgeheizten Backrohr bei 180 Grad garen, das Fleisch soll innen noch rosa sein. Entenbrüste herausnehmen und die Hautseite mit geröstetem Sesam bestreuen, warm stellen.

RAGOUT VON KASTANIEN, KAROTTEN, KÜRBIS UND ROSENKOHL

- Kastanien in Gemüsebrühe etwa 15 Minuten weich kochen, anschließend aus der Brühe nehmen. Karotten und Rosenkohl in Butter leicht andünsten, etwas Wasser dazugeben und etwa 5 Minuten dünsten lassen.
- Wenn das Wasser fast verkocht ist, Kürbis und Kastanien zufügen und mit Salz und Pfeffer würzen.

ORANGENSAUCE

- Zucker in einem Topf karamellisieren lassen, mit Orangensaft ablöschen und Flüssigkeit auf die Hälfte einkochen lassen.
- Anschließend braune Grundsauce dazugeben, erneut einreduzieren lassen und mit Butter und Orangenlikör verfeinern.

FERTIGSTELLUNG

- Entenbrüste in 1–2 cm dicke Scheiben schneiden. Ragout auf Teller geben, Entenbrüste darauf anrichten und mit Orangensauce servieren.

Für 4 Personen

HIRSCHGULASCH

MIT APFEL-KASTANIENKNÖDEL UND ROSENKOHL

HIRSCHGULASCH

600 g	Hirschfleisch (Schulter), pariert
2 EL	Olivenöl
2	Zwiebeln
1	Karotte, grob geschnitten
1	Stangensellerie, grob geschnitten
½	Lauchstange, grob geschnitten
1	Knoblauchzehe, grob geschnitten
1 EL	Tomatenmark
1 EL	Mehl
200 ml	kräftiger Rotwein
2 l	Wasser
3	Wacholderbeeren, fein gehackt
1	Lorbeerblatt
	Salz
	Pfeffer aus der Mühle

APFEL-KASTANIEN-KNÖDEL

150 g	Kastanien, geschält
250 ml	Gemüsebrühe (siehe Seite 164)
½	Zwiebel, fein geschnitten
2	Äpfel, geraspelt
30 g	Butter
300 g	Knödelbrot
2	Eier
	Salz
	Pfeffer aus der Mühle

WEITERES

300 g	gekochter Rosenkohl, halbiert
100 g	Butter
	Salz
	Pfeffer aus der Mühle
1 Msp.	Muskatnuss

HIRSCHGULASCH

- Fleisch in etwa 20 g schwere Würfel schneiden, in heißem Olivenöl anbraten. Anschließend Zwiebeln, Karotte, Sellerie, Lauch und Knoblauch dazugeben, alles gut anrösten.
- Danach Tomatenmark zufügen, sobald es gebräunt ist, mit Mehl bestäuben und mit Rotwein ablöschen.
- Wasser angießen, Wacholderbeeren und Lorbeerblatt zugeben, mit Salz und Pfeffer würzen. Zugedeckt etwa 1 Stunde köcheln lassen.
- Fleisch aus der Sauce nehmen, Sauce durch ein Sieb passieren und wieder zum Fleisch geben.

APFEL-KASTANIENKNÖDEL

- Kastanien in Gemüsebrühe etwa 30 Minuten weich kochen, herausnehmen und mit einer Gabel leicht zerdrücken.
- Zwiebelwürfel in Butter anschwitzen und mit Kastanien und Äpfeln zum Knödelbrot geben. Eier, Salz und Pfeffer zufügen und gut vermengen.
- Aus der Masse Knödel formen und im Knödeldämpfer etwa 20 Minuten dämpfen.

FERTIGSTELLUNG

- Rosenkohl in Butter schwenken; mit Salz, Pfeffer und Muskatnuss würzen. Hirschgulasch auf Tellern anrichten, die gedämpften Apfel-Kastanienknödel dazugeben und mit Rosenkohl servieren.

1 Stunde

TIPP

- Man kann die Knödel auch in einem Topf mit Dämpfeinsatz oder im Dampfgarer dämpfen.

Hirschgulasch mit Apfel-Kastanienknödel und Rosenkohl

Für 4 Personen

HIRSCHMEDAILLONS
MIT KASTANIENKRUSTE

KASTANIENKRUSTE

- 150 g Kastanien, geschält
- 500 ml braune Wildsauce (siehe Seite 165)
- 1 Lorbeerblatt
- 50 g Butter
- ½ Zitrone, Saft
- 1 EL Petersilie, fein geschnitten
- 3 EL Weißbrotbrösel
- Salz
- Pfeffer aus der Mühle

HIRSCHMEDAILLONS

- 8 Hirschmedaillons (Rücken oder Nuss) zu je 70 g, pariert
- Salz
- Pfeffer aus der Mühle
- 2 EL Olivenöl

>>>

WEITERES

- 3 EL Zucker
- etwas Zimtrinde
- 1 Nelke
- 200 ml Wasser
- 2 Äpfel
- 2 EL Preiselbeermarmelade
- etwas Butter

30 Minuten

KASTANIENKRUSTE

- Kastanien mit brauner Wildsauce und Lorbeerblatt etwa 15 Minuten zugedeckt weich kochen, dann die Kastanien aus der Sauce nehmen, mit der Gabel leicht zerdrücken und auskühlen lassen. Sauce beiseitestellen.
- Butter verrühren. Die zerdrückten Kastanien, Zitronensaft, Petersilie und Weißbrotbrösel unterrühren und mit Salz und Pfeffer würzen.

HIRSCHMEDAILLONS

- Hirschmedaillons mit Salz und Pfeffer würzen und kurz in Olivenöl anbraten (sie sollten innen noch rosa sein), dann mit der Kastanienkruste bestreichen und im vorgeheizten Backrohr bei 220 Grad (Oberhitze) etwa 2 Minuten überbacken.

FERTIGSTELLUNG

- Zucker, Zimtrinde und Nelke mit Wasser aufkochen. Äpfel halbieren, Kernhaus ausstechen und im Zuckerwasser 5–10 Minuten kochen. Abseihen und Äpfel mit Preiselbeermarmelade füllen.
- Sauce noch etwas einkochen lassen und mit Butter verfeinern. Hirschmedaillons auf Tellern anrichten, mit Sauce und gefülltem Apfel servieren.

Für 4 Personen

RAGOUT VON DER REHKEULE MIT KASTANIEN,
BROCCOLI, KÜRBIS UND WEISSEN RÜBEN IN WILDRAHMSAUCE

ZUTATEN

500 g	Rehkeule (Nuss oder Kaiserteil), pariert
1 EL	Olivenöl
2	Wacholderbeeren, fein gehackt
	Salz
	Pfeffer aus der Mühle
4	Schalotten, geviertelt
1	Knoblauchzehe, fein gehackt
150 g	Kastanien, geschält
20 g	Butter
1 EL	Gin
150 ml	kräftiger Rotwein
500 ml	braune Wildsauce (siehe Seite 165)
100 ml	Sahne
100 g	Kürbis
100 g	Weiße Rüben
100 g	Broccoliröschen

ZUBEREITUNG

40 Minuten

- Fleisch in etwa 2 cm große Würfel schneiden, im heißen Olivenöl etwa 1 Minute anbraten, mit Salz, Pfeffer und Wacholderbeeren würzen. Fleisch aus der Pfanne nehmen und warm stellen.
- In derselben Pfanne Schalotten, Knoblauch und Kastanien mit Butter anschwitzen. Anschließend mit Gin und Rotwein ablöschen, etwas einreduzieren lassen und mit brauner Wildsauce aufgießen. Etwa 15 Minuten zugedeckt bei schwacher Hitze kochen lassen. Sahne zugeben und so lange einkochen, bis die Sauce sämig ist.
- Kürbis und Weiße Rüben putzen, längs schneiden. Zusammen mit Broccoliröschen 1–2 Minuten in Salzwasser blanchieren.
- Fleischwürfel und Gemüse in die Sauce geben und kurz erwärmen. Wenn nötig, mit Salz und Pfeffer würzen, auf Tellern anrichten und servieren.

TIPP

- Wenn Sie die Fleischwürfel in der Sauce erwärmen, sollte diese nicht mehr kochen, sonst wird das Fleisch trocken.

Rosa gebratene Rehmedaillons mit Lauch-Kastanienspatzlen

Für 4 Personen

ROSA GEBRATENE REHMEDAILLONS

MIT LAUCH-KASTANIENSPATZLEN

LAUCH-KASTANIEN-SPATZLEN

200 g	Mehl
150 g	Hartweizengrieß
3	Eier
200 ml	Wasser
	Salz
	Pfeffer aus der Mühle
1 Msp.	Muskatnuss
150 g	Kastanien, geschält
500 ml	braune Wildsauce (siehe Seite 165)
1	Lauchstange
30 g	Butter

REHMEDAILLONS

4	Rehmedaillons zu je 120 g
	Salz
	Pfeffer aus der Mühle
1 EL	Olivenöl
2	Wacholderbeeren, zerdrückt
1	Rosmarinzweig
2	Salbeiblätter
20 g	Butter

30 Minuten

LAUCH-KASTANIENSPATZLEN

- In einer Schüssel Mehl, Hartweizengrieß, Eier, Wasser, Salz, Pfeffer und Muskatnuss mit einem Holzlöffel so lange verrühren, bis der Teig Blasen wirft. Kurz ruhen lassen.
- Teig mit einem Spatzlhobel in reichlich kochendes Salzwasser hobeln und aufkochen lassen. Mit einer Schaumkelle herausnehmen, in ein Sieb geben und mit kaltem Wasser abschrecken, gut abtropfen lassen.
- Kastanien in brauner Wildsauce etwa 15 Minuten kochen lassen.
- Lauch der Länge nach teilen, gut waschen und in 2 cm lange Stücke schneiden. Anschließend kurz in Butter andünsten.
- Spatzlen mit Kastanien und Lauch vermengen, wenn nötig mit Salz und Pfeffer würzen.

REHMEDAILLONS

- Rehmedaillons mit Salz und Pfeffer würzen und im heißen Olivenöl auf beiden Seiten etwa ½ Minute anbraten.
- Wacholderbeeren, Rosmarin, Salbei und Butter dazugeben, Hitze reduzieren und kurz ruhen lassen.

FERTIGSTELLUNG

- Lauch-Kastanienspatzlen auf Tellern anrichten, die in Scheiben geschnittenen Rehmedaillons darauf platzieren und servieren.

Für 4 Personen

WILDSCHWEINRÜCKEN MIT KASTANIEN

AUF SÜSS-SAURER JOHANNISBEERSAUCE UND SALBEISCHUPFNUDELN

WILDSCHWEINRÜCKEN

- 600 g Wildschweinrücken (ohne Knochen), pariert
- 1 Rosmarinzweig, fein gehackt
- 3 Salbeiblätter, fein gehackt
- 2 Thymianzweige, fein gehackt
- 1 Knoblauchzehe, fein gehackt
- 3 Wacholderbeeren, fein gehackt
- Olivenöl
- Pfeffer aus der Mühle
- Salz

KASTANIEN IN SÜSS-SAURER JOHANNISBEERSAUCE

- 1 EL Zucker
- 200 g Kastanien, geschält
- 50 ml Apfelessig
- 150 ml Johannisbeersaft
- 500 ml braune Wildsauce (siehe Seite 165)
- 100 g Johannisbeeren
- 30 g Butter

SALBEISCHUPFNUDELN

- 800 g Kartoffelteig (siehe Seite 166)
- Mehl zum Ausrollen
- 30 g Butter
- 3 Salbeiblätter

WILDSCHWEINRÜCKEN

40 Minuten

- Wildschweinrücken einige Stunden vor der Zubereitung, am besten am Vortag, mit Rosmarin, Salbei, Thymian, Knoblauch, Wacholderbeeren und 2 Esslöffel Olivenöl marinieren.
- Fleisch mit Pfeffer und Salz würzen und in Olivenöl anbraten.
- Anschließend auf ein Backblech geben und im vorgeheizten Backrohr bei 180 Grad (je nach Größe) 15–20 Minuten braten.
- Aus dem Backrohr nehmen, in Alufolie wickeln und warm stellen.

KASTANIEN IN SÜSS-SAURER JOHANNISBEERSAUCE

- Zucker in einem kleinen Topf karamellisieren lassen. Kastanien dazugeben und mit Apfelessig und Johannisbeersaft ablöschen. Flüssigkeit auf die Hälfte einkochen lassen, braune Wildsauce dazugeben und alles etwa 15 Minuten zugedeckt köcheln lassen.
- Dann Johannisbeeren zufügen und mit Butter verfeinern.

SALBEISCHUPFNUDELN

- Auf einer bemehlten Arbeitsfläche aus Kartoffelteig fingerdicke Schupfnudeln formen. Anschließend in reichlich kochendem Salzwasser garen, mit einer Schaumkelle herausnehmen und gut abtropfen lassen.
- Butter und Salbei in einer Pfanne erhitzen, Schupfnudeln kurz darin schwenken.

FERTIGSTELLUNG

- Wildschweinrücken in Scheiben schneiden. Salbeisschupfnudeln auf Teller geben, Wildschweinrücken darauf anrichten und mit Kastanien und Johannisbeersauce servieren.

TIPP

- Wenn Sie keine frischen Johannisbeeren bekommen, können Sie auch Tiefkühlware verwenden.

Wildschweinrücken mit Kastanien auf süß-saurer Johannisbeersauce und Salbeischupfnudeln

Für 4 Personen

WILDHASENRÜCKEN MIT KASTANIEN,
SAUERKIRSCHEN UND MAISHALBMONDEN

WILDHASENRÜCKEN

- 500 g Wildhasenrücken, pariert
- 1 Rosmarinzweig, fein gehackt
- 3 Salbeiblätter, fein gehackt
- 1 Knoblauchzehe, fein gehackt
- 3 Wacholderbeeren, fein gehackt
- Olivenöl
- Salz
- Pfeffer aus der Mühle

SAUCE

- 1 TL Zucker
- 150 g Kastanien, geschält
- 100 g gefrorene Sauerkirschen, entsteint
- 1 Schalotte, fein geschnitten
- 150 ml kräftiger Rotwein
- 500 ml braune Wildsauce (siehe Seite 165)
- 30 g Butter

MAISHALBMONDE

- 1 l Wasser
- 50 g Butter
- Salz
- 250 g grober Maisgrieß (Polenta)
- 50 g Parmesan, gerieben

50 Minuten

WILDHASENRÜCKEN

- Wildhasenrücken einige Stunden vor der Zubereitung, am besten am Vortag, mit Rosmarin, Salbei, Knoblauch, Wacholderbeeren und 2 Esslöffel Olivenöl marinieren.
- Mit Salz und Pfeffer würzen, kurz im heißen Olivenöl anbraten (1–2 Minuten), sodass das Fleisch innen noch rosa ist. Aus der Pfanne nehmen, in Alufolie wickeln und warm stellen.

SAUCE

- Zucker in einem Topf karamellisieren lassen, Kastanien, Sauerkirschen und Schalotte dazugeben. Mit Rotwein ablöschen und mit braune Wildsauce aufgießen, etwa 15 Minuten langsam einkochen lassen, bis die Sauce sämig ist.
- Zuletzt mit Butter verfeinern.

MAISHALBMONDE

- Wasser mit Butter und Salz zum Kochen bringen. Maisgrieß mit einem Schneebesen einrühren und zugedeckt bei niedriger Hitze etwa 1 Stunde quellen lassen. Masse auf einem Blech etwa 2–3 cm dick ausstreichen und auskühlen lassen.
- Halbmonde ausstechen und mit Parmesan bestreuen.
- Im vorgeheizten Backrohr bei 180 Grad 15–20 Minuten backen.

FERTIGSTELLUNG

- Wildhasenrücken schräg aufschneiden. Sauce auf Teller geben, Wildhasenrücken und Maishalbmonde darauf anrichten und servieren.

Wildhasenrücken mit Kastanien, Sauerkirschen und Maishalbmonden

Kaninchenkeule mit Kastanien und Rosenmuskateller

Für 4 Personen

KANINCHENKEULE MIT KASTANIEN
UND ROSENMUSKATELLER

ZUTATEN

- 4 Kaninchenkeulen zu je 200 g
- Salz
- Pfeffer aus der Mühle
- 2 EL Mehl
- 2 EL Olivenöl
- 1 Knoblauchzehe, fein gehackt
- 4 Schalotten, fein geschnitten
- 1 Karotte, in Würfel geschnitten
- 1 Stangensellerie, in Würfel geschnitten
- 1 Lauchstange, in Würfel geschnitten
- 1 EL Tomatenmark
- 200 ml Rosenmuskateller
- 1 l Wasser
- 1 Rosmarinzweig
- 3 Salbeiblätter
- 1 Lorbeerblatt
- 2 Wacholderbeeren, fein gehackt
- 200 g Kastanien, geschält
- 20 g Butter

ZUBEREITUNG

- Kaninchenkeulen halbieren, mit Salz und Pfeffer würzen, leicht mit Mehl bestreuen und im heißen Olivenöl anbraten. Knoblauch, Schalotten, Karotte, Stangensellerie und Lauch dazugeben und leicht anrösten lassen. Tomatenmark zufügen und ebenfalls anrösten. Mit ⅔ Rosenmuskateller ablöschen und mit Wasser aufgießen.
- Rosmarin, Salbei, Lorbeerblatt und Wacholderbeeren dazugeben und zugedeckt etwa 30 Minuten bei schwacher Hitze köcheln lassen.
- Nach der Hälfte der Garzeit Kastanien zufügen und mitkochen. Wenn nötig, noch etwas Wasser nachgießen und mit Salz und Pfeffer würzen. Zum Schluss Kräuter herausnehmen und die Sauce mit restlichem Rosenmuskateller und Butter verfeinern.
- Kaninchenkeulen mit Gemüsewürfeln und Kastanien auf Tellern anrichten und servieren.

30 Minuten

TIPPS

- Lassen Sie sich die Kaninchenkeulen vom Metzger halbieren.
- Statt Rosenmuskateller können Sie auch einen anderen süßlichen Dessertwein verwenden.
- Servieren Sie dazu Kartoffelpüree oder Serviettenknödel.

Für 4 Personen

MIT KASTANIEN GEFÜLLTES KALBSSCHNITZEL

AUF SELLERIE-KÜRBISSAUCE

MIT KASTANIEN GEFÜLLTES KALBSSCHNITZEL

- 200 g Kastanien, geschält
- 500 ml braune Grundsauce (siehe Seite 165)
- 1 Lorbeerblatt
- 4 Kalbsschnitzel (Nuss oder Kaiserteil) zu je 150 g
- Salz
- Pfeffer aus der Mühle
- 2 EL Olivenöl

SELLERIE-KÜRBISSAUCE

- 150 g Sellerieknolle, in Würfel geschnitten
- 150 g Kürbis, in Würfel geschnitten
- 2 Schalotten, fein geschnitten
- 30 g Butter
- 100 ml Weißwein
- 100 ml Sahne
- Salz
- Pfeffer aus der Mühle

MIT KASTANIEN GEFÜLLTES KALBSSCHNITZEL

30 Minuten

- Kastanien mit brauner Grundsauce und Lorbeerblatt etwa 30 Minuten zugedeckt weich kochen. Kastanien herausnehmen, mit einer Gabel etwas zerdrücken und auskühlen lassen. Sauce beiseitestellen.
- Schnitzel leicht klopfen, Kastanien darauf verteilen, zusammenlegen und Ränder andrücken. Die gefüllten Kalbsschnitzel mit Salz und Pfeffer würzen und in Olivenöl auf beiden Seiten etwa 2 Minuten anbraten, danach in der Pfanne noch etwas nachziehen lassen.

SELLERIE-KÜRBISSAUCE

- Sellerie-, Kürbis- und Schalottenwürfel in Butter andünsten, mit Weißwein ablöschen und mit der Sauce, in der die Kastanien gekocht wurden, aufgießen. Anschließend Sahne dazugeben, noch etwas einkochen lassen und mit Salz und Pfeffer würzen.

FERTIGSTELLUNG

- Sellerie-Kürbissauce auf Teller geben und die gefüllten Kalbsschnitzel darauf anrichten.

Für 4 Personen

KALBSRÜCKENSTEAK
MIT KASTANIEN UND TRAUBEN

KALBSRÜCKENSTEAK

- 4 Kalbsrückensteaks zu je 150 g
- Salz
- Pfeffer aus der Mühle
- 2 EL Olivenöl

KASTANIEN-TRAUBENSAUCE

- ½ TL Zucker
- 150 g Kastanien, geschält
- 50 ml Weißwein
- 500 ml braune Grundsauce (siehe Seite 165)
- 100 g weiße Trauben, halbiert und entkernt
- 30 g Butter

KALBSRÜCKENSTEAK

20 Minuten

- Kalbsrückensteaks etwas plattieren und mit Salz und Pfeffer würzen. In einer heißen Pfanne mit Olivenöl auf beiden Seiten etwa 2 Minuten anbraten, sodass die Steaks innen noch leicht rosa sind.
- Anschließend aus der Pfanne nehmen und warm stellen.

KASTANIEN-TRAUBENSAUCE

- In einem kleinen Topf Zucker karamellisieren lassen, Kastanien dazugeben, mit Weißwein ablöschen und mit brauner Grundsauce aufgießen. Zugedeckt etwa 15 Minuten leicht kochen lassen.
- Anschließend die halbierten Trauben zufügen und die Sauce mit Butter verfeinern.

FERTIGSTELLUNG

- Die rosa gebratenen Kalbsrückensteaks auf Tellern anrichten und mit Kastanien-Traubensauce servieren

Für 4 Personen

KALBSGESCHNETZELTES MIT KASTANIEN,
MORCHELN UND BROCCOLI IN COGNACSAUCE

KALBSGESCHNETZELTES

500 g	Kalbfleisch (Schlegel), pariert
	Salz
	Pfeffer aus der Mühle
2 EL	Olivenöl

COGNACSAUCE

2	Schalotten, fein geschnitten
150 g	Kastanien, geschält
12	Morcheln, geviertelt und gewaschen
30 g	Butter
100 ml	Weißwein
500 ml	braune Grundsauce (siehe Seite 165)
50 ml	Sahne
3 EL	Cognac

WEITERES

150 g	Broccoliröschen, blanchiert

KALBSGESCHNETZELTES

- Kalbfleisch in dünne Streifen schneiden, mit Salz und Pfeffer würzen und kurz in Olivenöl anbraten, aus der Pfanne nehmen und warm stellen.

COGNACSAUCE

- In derselben Pfanne Schalotten, Kastanien und Morcheln in Butter leicht anziehen lassen. Mit Weißwein ablöschen und mit brauner Grundsauce aufgießen. Etwa 15 Minuten zugedeckt einkochen.
- Sobald die Kastanien weich sind, Sahne und Cognac zufügen und so lange kochen lassen, bis die Sauce sämig ist.

FERTIGSTELLUNG

- Kalbfleisch und Broccoliröschen zur Sauce geben, wenn nötig, noch etwas nachwürzen und servieren.

20 Minuten

TIPP

- Getrocknete Morcheln bekommt man das ganze Jahr über. Man sollte sie einweichen und gut waschen, da sie oft sehr sandig sind.

Für 4 Personen

KALBFLEISCHSTREIFEN MIT KASTANIEN
UND ÄPFELN IN CALVADOSSAUCE

KALBFLEISCHSTREIFEN

500 g	Kalbfleisch (Schlegel oder Keule), pariert
	Salz
	Pfeffer aus der Mühle
2 EL	Olivenöl

CALVADOSSAUCE

100 g	Kastanien, geschält
2	Schalotten, fein geschnitten
30 g	Butter
500 ml	braune Grundsauce (siehe Seite 165)
1 TL	Zucker
1	Apfel, in Würfel geschnitten
3 EL	Calvados
2–3 EL	Apfelbalsamico
50 ml	Sahne

KALBFLEISCHSTREIFEN

- Kalbfleisch in dünne Streifen schneiden, mit Salz und Pfeffer würzen und in Olivenöl heiß anbraten. Anschließend aus der Pfanne nehmen und warm stellen.

CALVADOSSAUCE

- In derselben Pfanne Kastanien und Schalotten in Butter anschwitzen, dann mit brauner Grundsauce aufgießen und etwa 15 Minuten zugedeckt einkochen lassen.
- Zucker in einem Topf karamellisieren lassen, Apfelwürfel dazugeben und mit Calvados und Apfelbalsamico ablöschen.
- Zusammen mit Sahne zu den Kastanien geben und noch einige Minuten kochen lassen, bis die Sauce sämig ist.

FERTIGSTELLUNG

- Die angebratenen Kalbfleischstreifen in die Sauce geben und erhitzen. Alles auf Tellern anrichten und servieren.

30 Minuten

TIPPS

- Sie können mit dem Parisienneausstecher (Kugelausstecher) auch Kugeln aus dem Apfel ausstechen.
- Statt Kalbfleisch kann man auch Entenbrust oder Perlhuhnbrust verwenden.

Schulterbraten vom jungen Rind mit Kastanien-Blaukrautstrudel

Für 4 Personen

SCHULTERBRATEN VOM JUNGEN RIND

MIT KASTANIEN-BLAUKRAUTSTRUDEL

1½ Stunden

SCHULTERBRATEN

- 600–800 g Rindsschulter (Schulternahtl oder hohe Schulter), pariert
- Salz
- Pfeffer aus der Mühle
- 2 EL Olivenöl
- 2 Zwiebeln, grob geschnitten
- 1 Karotte, grob geschnitten
- 1 Knoblauchzehe, grob geschnitten
- etwas Sellerieknolle, grob geschnitten
- etwas Lauch, grob geschnitten
- 2 EL Tomatenmark
- 1 EL Mehl
- 250 ml kräftiger Rotwein
- 2 l Wasser
- 4–5 Wacholderbeeren, zerdrückt
- 1 TL Pfefferkörner
- 1 Lorbeerblatt

KASTANIEN-BLAUKRAUTSTRUDEL

- 1 Zwiebel, in Streifen geschnitten
- 500 g Blaukraut, gehobelt oder in Streifen geschnitten
- 2 EL Butter
- 1 Apfel, geraspelt
- 150 ml Rotwein
- 150 ml Rotweinessig
- 3 EL Johannisbeergelee
- Salz
- Pfeffer aus der Mühle
- 2 Wacholderbeeren, fein gehackt
- 1 Lorbeerblatt
- 500 ml Wasser
- 1 TL Zucker
- 200 g Kastanien, geschält
- 250 ml Gemüsebrühe (siehe Seite 164)
- 200 g Blätterteig
- 2 Scheiben Schinken
- 1 Ei

SCHULTERBRATEN

- Rindsschulter mit Salz und Pfeffer würzen, Olivenöl in einem Bräter erhitzen und Fleisch darin auf allen Seiten anbraten. Fleisch herausnehmen und im selben Topf Zwiebeln, Karotte, Knoblauch, Sellerie und Lauch gut anrösten. Dann Tomatenmark zufügen. Sobald es gebräunt ist, mit Mehl bestäuben.
- Anschließend mit Rotwein ablöschen und mit Wasser aufgießen. Fleisch, Wacholderbeeren, Pfefferkörner und Lorbeerblatt dazugeben und zugedeckt 1–1½ Stunden langsam garen lassen.
- Sobald der Schulterbraten weich ist, herausnehmen. Sauce noch etwas einreduzieren lassen, dann durch ein feines Sieb passieren und über das Fleisch gießen.

KASTANIEN-BLAUKRAUTSTRUDEL

- Zwiebel- und Blaukrautstreifen in Butter andünsten, Apfel, Rotwein, Rotweinessig und Johannisbeergelee zugeben und mit Salz, Pfeffer, Wacholderbeeren und Lorbeerblatt würzen. Mit Wasser aufgießen und zugedeckt etwa 1 Stunde weich kochen lassen. Die Flüssigkeit sollte ziemlich verkocht sein.
- Zucker in einem kleinen Topf karamellisieren lassen, Kastanien zufügen und mit Gemüsebrühe aufgießen. Zugedeckt etwa 15 Minuten garen. Kastanien aus der Brühe nehmen und mit dem gedünsteten Blaukraut vermischen, auskühlen lassen.
- Blätterteig auf einer bemehlten Arbeitsfläche ausrollen, Schinkenscheiben auf den Teig legen und Kastanien-Blaukraut darauf verteilen.
- Teig wie einen Strudel aufrollen, mit verquirltem Ei bestreichen und im vorgeheizten Backrohr bei 175 Grad 25–30 Minuten goldbraun backen.

FERTIGSTELLUNG

- Fleisch in Scheiben schneiden und mit der Sauce auf Tellern anrichten. Kastanien-Blaukrautstrudel in 3 cm breite Scheiben schneiden und als Beilage servieren.

Für 4 Personen

DOPPELTES ENTRECÔTE

IN SÜSS-SAURER ZWETSCHGEN-KASTANIENSAUCE MIT SCHLOSSKARTOFFELN

20 Minuten

DOPPELTES ENTRECÔTE

- 2 Entrecôtes zu je 300 g, pariert
- Salz
- Pfeffer aus der Mühle
- 1 EL Olivenöl

SÜSS-SAURE ZWETSCHGEN-KASTANIENSAUCE

- 1 EL Zucker
- 200 g Kastanien, geschält
- 50 ml Apfelessig
- 2 EL Balsamicoessig
- 50 ml kräftiger Rotwein
- etwas Zimtrinde
- 2 Nelken
- 3 Schalotten, geviertelt
- 20 g Butter
- 500 ml braune Grundsauce (siehe Seite 165)
- 300 g Zwetschgen, geviertelt
- Salz
- Pfeffer aus der Mühle

WEITERES

- 4 Kartoffeln, in Spalten geschnitten
- 1 TL Butter
- Salz

DOPPELTES ENTRECÔTE

- Fleisch mit Salz und Pfeffer würzen und in heißem Olivenöl auf beiden Seiten anbraten. Anschließend (je nach Größe) 2–3 Minuten langsam weiterbraten. Fleisch herausnehmen, in Alufolie wickeln und warm halten.

SÜSS-SAURE ZWETSCHGEN-KASTANIENSAUCE

- Zucker in einem kleinen Topf karamellisieren lassen, Kastanien dazugeben, mit Apfelessig, Balsamicoessig und Rotwein ablöschen. Anschließend Zimtrinde und Nelken dazugeben und Flüssigkeit auf die Hälfte einkochen lassen.
- Schalotten in Butter leicht anrösten und mit brauner Grundsauce zu den Kastanien geben. Alles etwa 15 Minuten kochen lassen.
- Nelken und Zimtrinde herausnehmen, Zwetschgen dazugeben und etwa 5 Minuten mitgaren, wenn nötig mit Salz und Pfeffer würzen.

SCHLOSSKARTOFFELN

- Kartoffelspalten tournieren (mit dem Messer rund schneiden). Anschließend etwa 5 Minuten in Salzwasser kochen lassen, abseihen und in einer Panne mit Butter goldbraun braten, salzen.

FERTIGSTELLUNG

- Süß-saure Zwetschgen-Kastaniensauce auf Teller geben. Fleisch in Scheiben schneiden, auf der Sauce anrichten und mit Schlosskartoffeln servieren.

Doppeltes Entrecôte in süß-saurer Zwetschgen-Kastaniensauce mit Schlosskartoffeln

Für 4 Personen

BEINSCHINKEN MIT SAUERKRAUT,
APFELWÜRFELN UND KASTANIEN

BEINSCHINKEN

- 2–3 l Wasser
- 1 Zwiebel, grob geschnitten
- 1 Karotte, grob geschnitten
- ½ Lauchstange, grob geschnitten
- ¼ Sellerieknolle, grob geschnitten
- 3–4 Wacholderbeeren
- 1 Lorbeerblatt
- 1 TL Pfefferkörner
- Salz
- 600 g Beinschinken

SAUERKRAUT MIT APFELWÜRFELN UND KASTANIEN

- 50 g Butter
- 1 Zwiebel, fein geschnitten
- 1 Knoblauchzehe, fein gehackt
- 150 g Kastanien, geschält
- 50 ml Weißwein
- 500 g Sauerkraut

>>>

- 500 ml Brühe vom Beinschinken
- 1 Kartoffel
- Salz
- Pfeffer aus der Mühle
- ½ TL Kümmel
- 1 Lorbeerblatt
- 2 Wacholderbeeren, gehackt
- 150 g Äpfel, in Würfel geschnitten

1½ Stunden

BEINSCHINKEN

- In einem Topf Wasser zum Kochen bringen. Zwiebel, Karotte, Lauch, Sellerie, Wacholderbeeren, Lorbeerblatt, Pfefferkörner und Salz zufügen und aufkochen lassen. Schinken dazugeben und etwa 1½ Stunden knapp unter dem Siedepunkt ziehen lassen.

SAUERKRAUT MIT APFELWÜRFELN UND KASTANIEN

- In einem Topf 30 g Butter erhitzen, darin Zwiebelwürfel, Knoblauch und Kastanien andünsten, anschließend mit Weißwein ablöschen. Sauerkraut und Beinschinkenbrühe zugeben.
- Kartoffel schälen und fein reiben, zum Sauerkraut geben. Mit Salz, Pfeffer, Kümmel, Lorbeerblatt und Wacholderbeeren würzen und etwa 30 Minuten zugedeckt kochen lassen.
- Apfelwürfel in 20 g Butter andünsten und zum Sauerkraut geben.

FERTIGSTELLUNG

- Beinschinken in Scheiben schneiden. Sauerkraut auf Teller geben, Schinkenscheiben darauf anrichten und servieren.

TIPP

- Statt Beinschinken kann man auch Selchkarree verwenden.

Für 4 Personen

SPANFERKELRÜCKEN AUF GEDÜNSTETEM WEISSKRAUT
MIT KASTANIEN

SPANFERKELRÜCKEN

- 1 kg Spanferkelrücken mit Schwarte
- Salz
- Pfeffer aus der Mühle
- 1 Rosmarinzweig, fein gehackt
- 2 Wacholderbeeren, fein gehackt
- 1 Knoblauchzehe, fein gehackt
- 1 EL Olivenöl
- 200 ml Bier

WEISSKRAUT MIT KASTANIEN

- 200 g Kastanien, geschält
- 500 ml Gemüsebrühe (siehe Seite 164)
- 1 kg Weißkraut
- 1 Zwiebel, fein geschnitten
- 1 Knoblauchzehe, fein gehackt

>>>

- 50 g Speck, in Streifen geschnitten
- 30 g Butter
- 100 ml Weißwein
- Salz
- Pfeffer aus der Mühle
- ½ TL Kümmel, fein gehackt

1 Stunde

SPANFERKELRÜCKEN

- Schwarte des Spanferkelrückens mit einem scharfen, spitzen Messer gitterförmig einschneiden. Mit Salz, Pfeffer, Rosmarin, Wacholderbeeren und Knoblauch einreiben und in Olivenöl auf beiden Seiten anbraten.
- Im vorgeheizten Backrohr bei 200 Grad (je nach Größe) 25–30 Minuten braten. Das Fleisch dabei ab und zu mit etwas Bier übergießen, damit die Schwarte schön knusprig wird. Den Spanferkelrücken bis zum Servieren bei 80 Grad warm halten.

WEISSKRAUT MIT KASTANIEN

- Kastanien in Gemüsebrühe etwa 10 Minuten kochen, dann aus der Brühe nehmen.
- Weißkraut in 2 cm großen Würfel schneiden und mit Zwiebelwürfeln, Knoblauch und Speckstreifen in Butter andünsten.
- Dann die gekochten Kastanien dazugeben und mit Weißwein ablöschen. Mit Salz, Pfeffer und Kümmel würzen und zugedeckt 10–15 Minuten bei schwacher Hitze dünsten.

FERTIGSTELLUNG

- Spanferkelrücken in Scheiben schneiden, mit dem Weißkraut auf Tellern anrichten und servieren.

TIPP

- Sie können auch Schweins- oder Kalbskarree ohne Schwarte verwenden.

Für 4 Personen

LAMMEINTÖPFCHEN

MIT KASTANIEN UND GEMÜSEWÜRFELN

ZUTATEN

800 g Lammkeule oder -schulter (ohne Knochen), pariert
2 EL Olivenöl
4 Schalotten, geviertelt
1 Knoblauchzehe, fein gehackt
2 EL Tomatenmark
1 EL Mehl
100 ml Weißwein
1½ l Wasser
Salz
Pfeffer aus der Mühle
20 g Butter
150 g Karotten, in Würfel geschnitten
100 g Lauchstange, in Würfel geschnitten
150 g Sellerieknolle, in Würfel geschnitten
150 g Kastanien, geschält
1 Rosmarinzweig, fein gehackt
3 Salbeiblätter, fein gehackt
2 Majoranzweige, fein gehackt
1 Lorbeerblatt

ZUBEREITUNG

- Lammfleisch in dünne Streifen schneiden und in heißem Olivenöl anbraten. Schalotten und Knoblauch dazugeben und anrösten, dann Tomatenmark zufügen. Wenn das Tomatenmark leicht gebräunt ist, alles mit Mehl bestäuben und mit Weißwein ablöschen.
- Anschließend mit Wasser aufgießen und mit Salz und Pfeffer würzen. Etwa 20 Minuten bei schwacher Hitze kochen lassen.
- In einer Pfanne Butter erhitzen, darin Karotten, Lauch, Sellerie und Kastanien andünsten. Rosmarin, Salbei, Majoran und Lorbeerblatt dazugeben. Alles zusammen zum Fleisch geben und weitere 20 Minuten garen.
- Das Lammeintöpfchen auf Tellern anrichten und servieren.

45 Minuten

TIPP

- Als Beilage passen Semmel- oder Serviettenknödel.

Für 4 Personen

LAMMRÜCKEN MIT THYMIANKRUSTE
AUF KARTOFFELWÜRFELN MIT KASTANIEN

45 Minuten

LAMMRÜCKEN MIT THYMIANKRUSTE

600 g	Lammrücken, pariert
	Salz
	Pfeffer aus der Mühle
2 EL	Olivenöl
1 EL	Dijonsenf
4 EL	Weißbrotbrösel
1 EL	Parmesan, geriebenen
1	Knoblauchzehe, fein gehackt
1 EL	Petersilie, fein geschnitten
3	Thymianzweige, fein gehackt
2 EL	flüssige Butter

KARTOFFELWÜRFEL MIT KASTANIEN

1 TL	Zucker
300 g	Kastanien, geschält
500 ml	braune Grundsauce (siehe Seite 165)
500 g	Kartoffeln, in Würfel geschnitten
30 g	Butter
	Salz

LAMMRÜCKEN MIT THYMIANKRUSTE

- Lammrücken mit Salz und Pfeffer würzen und in Olivenöl kurz anbraten. Im vorgeheizten Backrohr bei 180 Grad (je nach Größe) 10–15 Minuten garen. Herausnehmen, auf ein Backblech legen und mit Dijonsenf bestreichen.
- Weißbrotbrösel, Parmesan, Knoblauch, Petersilie und Thymian in einer Schüssel vermischen. Den gebratenen Lammrücken damit bestreuen und mit flüssiger Butter beträufeln. Im Backrohr bei 200 Grad (Oberhitze) etwa 2 Minuten überbacken. Lammrücken bis zum Servieren bei etwa 80 Grad ruhen lassen.

KARTOFFELWÜRFEL MIT KASTANIEN

- Zucker in einem Topf karamellisieren lassen, Kastanien dazugeben und mit brauner Grundsauce aufgießen. Bei schwacher Hitze etwa 15 Minuten kochen lassen.
- Kartoffeln in Salzwasser etwa 15 Minuten kochen, abseihen und in einer flachen Pfanne mit Butter goldbraun braten, salzen.

FERTIGSTELLUNG

- Lammrücken in Scheiben schneiden. Kartoffelwürfel zu den Kastanien geben und auf Tellern anrichten. Lammrücken darauflegen und servieren.

Für 4 Personen

BRATKARTOFFELN MIT SPECK UND KASTANIEN

ZUTATEN

400 g	Kartoffeln
200 g	Kastanien, geschält
500 ml	Gemüsebrühe (siehe Seite 164)
1 EL	Olivenöl
½	Zwiebel, in Streifen geschnitten
10 Scheiben	Speck, in Streifen geschnitten
20 g	Butter
	Salz
	Pfeffer aus der Mühle
1 EL	Petersilie, fein geschnitten

ZUBEREITUNG

20 Minuten

- Kartoffeln schälen und in 2 cm große Würfel schneiden. In Salzwasser etwa 15 Minuten kochen, abseihen.
- Kastanien in Gemüsebrühe etwa 15 Minuten kochen, anschließend ebenfalls abseihen.
- In einer Pfanne Olivenöl erhitzen, darin Kartoffeln und Zwiebelstreifen goldbraun anbraten. Kastanien, Speckstreifen und Butter dazugeben und mit Salz und Pfeffer würzen.
- Kurz vor dem Servieren gehackte Petersilie darüberstreuen.

Für 4 Personen

GEMÜSELINSEN MIT SPECK UND KASTANIEN

ZUTATEN

200 g	Linsen, eingeweicht
200 g	Kastanien, geschält
750 ml	Gemüsebrühe (siehe Seite 164)
1	Karotte, in Würfel geschnitten
½	Lauchstange, in Würfel geschnitten
¼	Sellerieknolle, in Würfel geschnitten
½	Zwiebel, fein geschnitten
1	Knoblauchzehe, fein gehackt
5 Scheiben	Speck, in Würfel geschnitten
20 g	Butter
1 EL	Tomatenmark
100 ml	Weißwein
5	Basilikumblätter, fein geschnitten
	Salz
	Pfeffer aus der Mühle

ZUBEREITUNG

20 Minuten

- Eingeweichte Linsen zusammen mit Kastanien in 500 ml Gemüsebrühe etwa 15 Minuten kochen.
- Karotte, Lauch, Sellerie, Zwiebel, Knoblauch und Speck in Butter anschwitzen. Erst Linsen und Kastanien, dann Tomatenmark zufügen. Mit Weißwein ablöschen und eventuell mit restlicher Gemüsebrühe aufgießen. Zugedeckt etwa 10 Minuten bei schwacher Hitze garen lassen.
- Basilikum dazugeben, mit Salz und Pfeffer würzen und servieren.

TIPP

- Weichen Sie die Linsen am besten schon am Vortag ein.

Für 4 Personen

FENCHEL MIT KASTANIEN

ZUTATEN

- 2 Fenchel
- 200 g Kastanien, geschält
- 500 ml Gemüsebrühe (siehe Seite 164)
- 20 g Butter
- Salz
- Pfeffer aus der Mühle
- 30 g Käse, geraspelt

ZUBEREITUNG

15 Minuten

- Fenchel putzen und halbieren. In Salzwasser 20–30 Minuten weich kochen, aus dem Wasser nehmen und in Streifen schneiden.
- Kastanien in Gemüsebrühe etwa 15 Minuten kochen, dann abseihen.
- Fenchelstreifen und Kastanien in Butter schwenken, mit Salz und Pfeffer würzen, mit Käse bestreuen und servieren.

Für 4 Personen

ROSENKOHL MIT KASTANIEN

ZUTATEN

- 400 g Rosenkohl
- 200 g Kastanien, geschält
- 500 ml Gemüsebrühe (siehe Seite 164)
- 1 Schalotte, fein geschnitten
- 20 g Butter
- Salz
- Pfeffer aus der Mühle

ZUBEREITUNG

25 Minuten

- Rosenkohl putzen, halbieren und in Salzwasser etwa 5 Minuten kochen, abseihen.
- Kastanien in Gemüsebrühe 15 Minuten weich kochen, abseihen.
- Schalotte in Butter anschwitzen, Rosenkohl und Kastanien dazugeben und kurz durchschwenken. Mit Salz und Pfeffer würzen und servieren.

TIPP

- Auf diese Art und Weise können Sie auch Wirsing, Karotten und Kohlrabi zubereiten.

Für 10 Stück

MERINGUE

- 4 Eiweiß
- 250 g Staubzucker
- ½ TL Vanillezucker

HIMBEERSAUCE

- 200 g Himbeeren
- 50 g Zucker

WEITERES

- 400 ml Kastaniensahne (siehe Seite 126)
- 200 ml geschlagene Sahne
- Melissenblätter zum Garnieren

KASTANIENSAHNE

UND MERINGUE AUF HIMBEERSAUCE

2½ Stunden

MERINGUE

- Eiweiß, Staubzucker und Vanillezucker auf dem Wasserbad verrühren, damit sich der Zucker auflöst. Anschließend mit dem Rührgerät steif schlagen. Masse in einen Spritzsack füllen und etwa 1 cm dicke Kreise (etwa 6 cm Ø) auf ein mit Backpapier ausgelegtes Backblech spritzen.
- Im Backrohr bei 80 Grad etwa 1 Stunde backen.

HIMBEERSAUCE

- Himbeeren und Zucker in einem Topf 2–3 Minuten aufkochen lassen, einige Himbeeren herausnehmen und beiseitestellen. Den Rest mit dem Pürierstab pürieren, die ganzen Himbeeren wieder dazugeben und vermengen.

FERTIGSTELLUNG

- Himbeersauce auf Teller geben, Meringue anlegen. Kastaniensahne mit dem Spritzsack auf die Meringue spritzen, mit Schlagsahne und Melisse garnieren.

Für 4 Personen

KASTANIENSPAGHETTI

AUF SCHWARZBEERSAUCE MIT VANILLEEIS

30 Minuten

KASTANIENSPAGHETTI

300 g	Kastanien, geschält
500 ml	Milch
1–2 EL	Honig
1 Msp.	Zimt
½ TL	Vanillezucker
3 EL	Rum
150 ml	geschlagene Sahne

SCHWARZBEERSAUCE

200 g	Schwarzbeeren
30 g	Zucker
1 EL	Orangenlikör (Cointreau oder Grand Marnier)

WEITERES

4 Kugeln	Vanilleeis

KASTANIENSPAGHETTI

Kastanien mit Milch, Honig, Zimt und Vanillezucker etwa 30 Minuten weich kochen. Mit der Flotten Lotte oder im Mixer pürieren und auskühlen lassen. Rum und geschlagene Sahne unterziehen und etwa 30 Minuten kalt stellen.

SCHWARZBEERSAUCE

Schwarzbeeren mit Zucker kurz aufkochen lassen, dann mit einem Pürierstab zu einer sämigen Sauce mixen. Auskühlen lassen und mit Orangenlikör verfeinern.

FERTIGSTELLUNG

Schwarzbeersauce auf Teller geben. Kastanienpüree mit der Kartoffelpresse auf die Teller drücken und mit Vanilleeis servieren.

GLASIERTE KASTANIEN UND TRAUBEN IM KRAPFENTEIG GEBACKEN

AUF ROSENMUSKATELLERSCHAUM

Für 4 Personen

40 Minuten

KASTANIEN UND TRAUBEN

- 50 g Zucker
- 400 g Kastanien, geschält
- 500 ml Milch
- 300 g weiße und blaue Trauben
- 250 g Krapfenteig (siehe Seite 163)
- 1 l Öl zum Ausbacken

ROSENMUSKATELLER-SCHAUM

- 1 Ei
- 1 Eigelb
- 150 ml Rosenmuskateller (Dessertwein)

WEITERES

- einige Trauben
- einige karamellisierte Kastanien (siehe Seite 166) zum Garnieren
- 1 EL Staubzucker zum Bestreuen

KASTANIEN UND TRAUBEN

- In einem Topf Zucker karamellisieren, anschließend Kastanien dazugeben und mit Milch aufgießen. Zugedeckt etwa 15 Minuten bei geringer Hitze kochen, bis die Flüssigkeit verkocht ist, auskühlen lassen.
- Trauben halbieren und zu den ausgekühlten Kastanien geben.
- Krapfenteig dünn ausrollen, in Quadrate (etwa 20 × 20 cm) schneiden und mit Kastanien und Trauben füllen. Ecken über der Füllung zusammennehmen und zudrehen, sodass ein Säckchen entsteht.
- Säckchen mit einer Schaumkelle ins heiße Öl geben und bei 170 Grad goldbraun backen.
- Kastanien-Traubensäckchen herausnehmen und auf einem Küchenkrepp abtropfen lassen.

ROSENMUSKATELLERSCHAUM

- In einer Metallschüssel Eier und Rosenmuskateller auf dem heißen Wasserbad mit einem Schneebesen schaumig aufschlagen.

FERTIGSTELLUNG

- Rosenmuskatellerschaum auf Teller verteilen, die gefüllten Säckchen darauf anrichten, mit Trauben und karamellisierten Kastanien garnieren, mit Staubzucker bestreuen und servieren.

Glasierte Kastanien und Trauben im Krapfenteig gebacken auf Rosenmuskatellerschaum

Für 8–10 Stück

KASTANIENSAHNE MIT GEBACKENEN STRUDELBLÄTTERN

AUF KAKISAUCE

KASTANIENSAHNE

300 g gesüßtes Kastanienpüree (siehe Seite 164)
2 EL Rum
250 ml geschlagene Sahne

KAKISAUCE

2 Kaki

GEBACKENE STRUDELTEIGBLÄTTER

200 g Strudelteig (TK-Ware)
250 ml Öl zum Ausbacken

WEITERES

8–10 Pfefferminzblätter
4 karamellisierte Kastanien (siehe Seite 166)
1 EL Staubzucker zum Bestreuen

ZUBEREITUNG

30 Minuten

- Kastanienpüree mit Rum und Sahne verrühren.
- Kaki mit der Flotten Lotte oder mit dem Pürierstab pürieren, sodass eine sämige Sauce entsteht.
- Strudelteigblätter in 5–6 cm große Quadrate schneiden und in Öl auf beiden Seiten goldbraun ausbacken. Herausnehmen und auf Küchenkrepp abtropfen lassen.
- Kakisauce auf Teller geben. Kastaniensahne mit einem Spritzsack auf die gebackenen Strudelblätter spritzen. Mit Pfefferminze und karamellisierten Kastanien garnieren, mit Staubzucker bestreuen und servieren.

Für 10–12 Stück

BLÄTTERTEIGKISSEN MIT KASTANIENSAHNE
AUF ROTWEINZWETSCHGEN

BLÄTTERTEIGKISSEN MIT KASTANIENSAHNE

250 g	Blätterteig
1	Ei
400 g	gesüßtes Kastanienpüree (siehe Seite 164)
2 EL	Rum
400 ml	geschlagene Sahne

ROTWEINZWETSCHGEN

200 ml	kräftiger Rotwein
100 g	Zucker
1	Zimtrinde
2	Nelken
500 g	Zwetschgen

WEITERES

1 EL	Staubzucker zum Bestreuen

30 Minuten

BLÄTTERTEIGKISSEN MIT KASTANIENSAHNE

- Blätterteig auf einer bemehlten Arbeitsfläche etwa 3 mm dick ausrollen. Mit Ei bestreichen und mit einer Gabel leicht einstechen. Mit einem Krapfenrad 5–6 cm große Vierecke abradeln und im vorgeheizten Backrohr bei 200 Grad etwa 10 Minuten goldbraun backen.
- Kastanienpüree und Rum in einer Schüssel verrühren, geschlagene Sahne unterheben.

ROTWEINZWETSCHGEN

- Rotwein, Zucker, Zimtrinde und Nelken aufkochen lassen. Zwetschgen waschen, entsteinen und vierteln. Zum Rotweinsud geben und etwa 5 Minuten bei schwacher Hitze kochen, anschließend leicht auskühlen lassen.

FERTIGSTELLUNG

- Blätterteigkissen mit dem Messer quer durchschneiden, den Boden mit Kastaniencreme füllen und die andere Hälfte als Deckel darauflegen.
- Blätterteigkissen auf den lauwarmen Rotweinpflaumen anrichten, mit Staubzucker bestreuen und servieren.

Für 10–12 Stück

KASTANIENSAHNE IM HIPPENCANNELONI

AUF BROMBEERSAUCE

HIPPENCANNELONI

- 50 g Butter
- 50 g Staubzucker
- 50 g Mehl
- 1 Eiweiß
- etwas unbehandelte Zitronenschale, gerieben
- ½ TL Vanillezucker
- 100 g Blockschokolade

BROMBEERSAUCE

- 100 ml Rotwein
- 100 ml Wasser
- 100 g Zucker
- 1 unbehandelte Zitrone, Saft und Schale
- 1 Zimtrinde
- 1 Nelke
- 1 Pfefferminzstängel
- 1 TL Kartoffelmehl
- 400 g Brombeeren

WEITERES

- 700 ml Kastaniensahne (siehe Seite 126)
- Pfefferminz- oder Melissenblätter zum Garnieren
- 1 EL Staubzucker zum Bestreuen

HIPPENCANNELONI

- Butter schmelzen lassen und mit Staubzucker, Mehl, Eiweiß, Zitronenschale und Vanillezucker zu einem Teig verrühren. Teig etwas ruhen lassen.
- Aus Pappe eine Schablone (rund oder viereckig) mit einem Durchmesser von etwa 10 cm (2 mm dick) ausschneiden. Schablone auf ein mit Backpapier ausgelegtes Backblech legen und mit einem Löffel etwas Teig in die Mitte setzen. Mit einer Teigpalette dünn ausstreichen, sodass die Schablone ausgefüllt ist. Schablone vorsichtig abheben. So weiter verfahren, bis der Teig aufgebraucht ist.
- Im vorgeheizten Backrohr bei etwa 200 Grad backen. Wenn die Ränder leicht gebräunt sind, herausnehmen und heiß über einem Rundholz zu Canneloni formen.
- Blockschokolade im Wasserbad schmelzen und die Canneloni mit der flüssigen Schokolade beträufeln. Auskühlen lassen.

BROMBEERSAUCE

- In einem Topf Rotwein, Wasser, Zucker, Zitronensaft, -schale, Zimtrinde, Nelke und Pfefferminze einige Minuten aufkochen lassen.
- Kartoffelmehl in etwas kaltem Wasser anrühren und die Sauce damit binden. Noch einmal einige Minuten bei schwacher Hitze kochen lassen.
- Durch ein Sieb abseihen und über die Brombeeren gießen. Auskühlen lassen.

FERTIGSTELLUNG

- Canneloni mit Kastaniensahne füllen, auf der Brombeersauce anrichten, mit Pfefferminze garnieren und mit Staubzucker bestreuen.

50 Minuten

TIPP

- Das Füllen der Canneloni geht am besten mit einem Spritzsack.

Kastaniensahne im Hippencanneloni auf Brombeersauce

KASTANIENHALBGEFRORENES MIT FEIGEN

IN ROTWEINSAUCE

Für 8 Personen

40 Minuten

KASTANIEN-HALBGEFRORENES

- 4 Eier
- 120 g Zucker
- 200 g gesüßtes Kastanienpüree (siehe Seite 164)
- 500 ml geschlagene Sahne
- 3 EL Kastanienlikör

FEIGEN IN ROTWEINSAUCE

- 500 ml kräftiger Rotwein
- 50 g Zucker
- 1 Zimtrinde
- 1 Nelke
- 1 unbehandelte Orange, Saft und Schale
- 1 TL Kartoffelmehl
- 4 Feigen

WEITERES

- 2 EL Pistazien, gehackt

KASTANIENHALBGEFRORENES

- In einer Metallschüssel Eier und Zucker verrühren und auf dem heißen Wasserbad mit einem Handrührgerät cremig aufschlagen, anschließend auf Eiswasser kalt rühren. Gesüßtes Kastanienpüree mit Sahne verrühren und unter die Masse heben. Kastanienlikör unterrühren.
- Eine passende Form mit Klarsichtfolie auslegen und Eismasse einfüllen. Mindestens 5–6 Stunden gefrieren lassen.

FEIGEN IN ROTWEINSAUCE

- Rotwein, Zucker, Zimtrinde, Nelke, Orangensaft und -schale aufkochen lassen. Kartoffelmehl mit etwas kaltem Wasser anrühren und mit einem Schneebesen in die Rotweinsauce rühren. Etwa 10 Minuten leicht kochen lassen, bis die Sauce sämig ist. Danach in einen Topf abseihen.
- Feigen vierteln, in die Rotweinsauce geben und kurz erhitzen. Auskühlen lassen.

FERTIGSTELLUNG

- Feigen und Rotweinsauce auf Teller geben. Das in Scheiben geschnittene Kastanienhalbgefrorene darauf anrichten, mit gehackten Pistazien bestreuen und servieren.

TIPP

- Statt der Feigen in Rotweinsauce kann man zum Kastanienhalbgefrorenen auch Orangen- oder Mandarinenfilets servieren, die man vorher mit Orangenlikör mariniert hat.

KASTANIEN-HONIGHALBGEFRORENES

MIT RUMSABAYON

Für 8 Personen

30 Minuten

KASTANIEN-HONIG-HALBGEFRORENES

- 4 Eier
- 100 g Honig
- 200 g gesüßtes Kastanienpüree (siehe Seite 164)
- 500 ml geschlagene Sahne

RUMSABAYON

- 1 Ei
- 2 Eigelb
- 50 ml Rum
- 2 EL Zucker

WEITERES

- Melissenblätter zum Garnieren
- karamellisierte Kastanien (siehe Seite 166) zum Garnieren

KASTANIEN-HONIGHALBGEFRORENES

- Eier und Honig in einer Metallschüssel verrühren, auf dem heißen Wasserbad mit einem Handrührgerät cremig aufschlagen. Anschließend auf Eiswasser kalt rühren.
- Gesüßtes Kastanienpüree mit geschlagener Sahne verrühren und unter die Masse heben. Die Masse in kleine Förmchen füllen und mindestens 5–6 Stunden gefrieren lassen.

RUMSABAYON

- Ei, Eigelb, Rum und Zucker in eine Metallschüssel geben und mit einem Schneebesen auf dem heißen Wasserbad zu einer cremigen Masse aufschlagen.

FERTIGSTELLUNG

- Rumsabayon auf Teller geben, das Kastanien-Honighalbgefrorene darauf anrichten, mit Melissenblättern und karamellisierten Kastanien garnieren und servieren.

Kastanienhalbgefrorenes mit Feigen in Rotweinsauce

Kastanien-Honighalbgefrorenes mit Rumsabayone

Preiselbeereis auf Kastanien-Rumsauce mit Blätterteig-Mandelgebäck

Kastanieneis auf Kakisauce

Für 8 Personen

PREISELBEEREIS AUF KASTANIEN-RUMSAUCE

MIT BLÄTTERTEIG-MANDELGEBÄCK

45 Minuten

PREISELBEEREIS

- 250 g Vanilleeis
- 4 EL Preiselbeermarmelade

KASTANIEN-RUMSAUCE

- 150 g Kastanien, geschält
- 500 ml Milch
- 1 EL Honig
- 1 Msp. Zimt
- 100 ml Sahne
- 3 EL Rum

BLÄTTERTEIG-MANDELGEBÄCK

- 200 g Blätterteig
- Mehl zum Ausrollen
- 1 Ei
- 50 g gehobelte Mandeln

PREISELBEEREIS

- Vanilleeis in einer Schüssel mit dem Rührgerät oder mit einem Schneebesen glatt rühren. Preiselbeermarmelade pürieren und mit dem Eis verrühren. Eismasse in eine halbrunde, mit Klarsichtfolie ausgelegte Form füllen und gefrieren lassen.

KASTANIEN-RUMSAUCE

- Kastanien mit Milch, Honig und Zimt etwa 30 Minuten kochen lassen. Dann mit dem Pürierstab zu einer sämigen Kastaniensauce mixen (eventuell etwas Milch zugeben), Sahne und Rum unterrühren und auskühlen lassen.

BLÄTTERTEIG-MANDELGEBÄCK

- Blätterteig auf einer bemehlten Arbeitsfläche gleichmäßig ausrollen. Ei verquirlen und Blätterteig damit bestreichen. Mandeln darüberstreuen und Blätterteig in Streifen schneiden.
- Die Streifen auf ein mit Backpapier ausgelegtes Backblech legen und im Backrohr bei 180 Grad etwa 10 Minuten goldbraun backen.

FERTIGSTELLUNG

- Kastanien-Rumsauce auf Teller geben. Preiselbeereis aus der Form stürzen und in Scheiben schneiden. Auf der Sauce anrichten, mit den gebackenen Blätterteig-Mandelstangen garnieren und servieren.

Für 8 Personen

KASTANIENEIS AUF KAKISAUCE

20 Minuten

KASTANIENEIS

- 250 g Vanilleeis
- 150 g gesüßtes Kastanienpüree (siehe Seite 164)
- 1 EL Kastanienlikör

KAKISAUCE

- 2–3 Kaki
- 1 Zitrone, Saft

WEITERES

- 2 EL Schokoladensauce
- Pfefferminzblätter zum Garnieren

KASTANIENEIS

- In einer Schüssel Vanilleeis mit dem Rührgerät glatt rühren, gesüßtes Kastanienpüree und Kastanienlikör unterrühren und anschließend gefrieren lassen.

KAKISAUCE

- Kaki pürieren, durch ein feines Sieb passieren und mit Zitronensaft verrühren.

FERTIGSTELLUNG

- Kakisauce auf Teller geben, zwei Kugeln Kastanieneis darauf geben und mit Schokoladensauce und Pfefferminzblättern garnieren.

KASTANIEN MIT GLÜHWEINSCHAUM

UND MOHNEISCREME

Für 8 Personen

40 Minuten

MOHNEISCREME

- 250 g Vanilleeis
- 1 EL Mohn, gemahlen

KASTANIEN

- 500 g Kastanien, geschält
- 500 ml Apfelsaft
- 1 Nelke
- 1 Zimtrinde

GLÜHWEINSCHAUM

- 150 ml kräftiger Rotwein
- 50 g Zucker
- etwas unbehandelte Orangenschale
- 1 Nelke
- 1 Zimtrinde
- 1 Ei
- 2 Eigelb

MOHNEISCREME

- Vanilleeis mit Mohn in einer Schüssel verrühren, in eine mit Klarsichtfolie ausgelegte Kastenform füllen und nochmals tiefkühlen. Eis vor dem Servieren aus der Form stürzen und in Scheiben schneiden.

KASTANIEN

- Kastanien in einen Topf geben und mit Apfelsaft, Nelke und Zimtrinde etwa 15 Minuten garen. Herausnehmen und beiseitestellen.

GLÜHWEINSCHAUM

- Rotwein mit Zucker, Orangenschale, Nelke und Zimtrinde erhitzen und etwa 10 Minuten ziehen lassen. Anschließend in eine Metallschüssel abseihen. Ei und Eigelb einrühren und auf dem heißen Wasserbad zu einer cremigen Masse aufschlagen.

FERTIGSTELLUNG

- Glühweinschaum auf Teller geben, Kastanien und Mohneiscreme daneben anrichten und servieren.

MIT MASCARPONE ÜBERBACKENE KASTANIEN

UND DÖRRPFLAUMEN

Für 8 Personen

40 Minuten

ZUTATEN

- 300 g Kastanien, geschält
- 300 g Dörrpflaumen
- 750 ml Wasser
- 150 g Zucker
- 1 Zimtrinde
- 2 Nelken
- etwas unbehandelte Orangenschale
- 100 g Mascarpone
- 2 EL Staubzucker
- etwas unbehandelte Zitronenschale
- 4 Eigelb
- 150 ml Sahne
- 4 Eiweiß

WEITERES

- Pfefferminzblätter zum Garnieren
- 1 EL Staubzucker zum Bestreuen

ZUBEREITUNG

- Kastanien und Dörrpflaumen in einen Topf geben und mit Wasser, Zucker, Zimtrinde, Nelken und Orangenschale etwa 15 Minuten kochen lassen, dann etwa 30 Minuten bei schwacher Hitze köcheln lassen.
- Mascarpone, Staubzucker, Zitronenschale und Eigelb mit dem Rührgerät gut verrühren. Sahne und Eiweiß steif schlagen und unter die Mascarponemasse heben.
- Kastanien und Dörrpflaumen auf Tellern anrichten. Mit Mascarponemasse bedecken und im Backrohr bei 220 Grad (Oberhitze) etwa 1 Minute goldbraun überbacken.
- Mit Pfefferminzblättern garnieren, mit Staubzucker bestreuen und servieren.

Kastanien mit Glühweinschaum und Mohneiscreme

Mit Mascarpone überbackene Kastanien und Dörrpflaumen

Für 10 Förmchen

KASTANIENTIMBALE

MIT WEISSER SCHOKOLADE AUF WALDBEERSAUCE

KASTANIENTIMBALE

- 100 ml Sahne
- 100 g weiße Schokolade
- 300 g gesüßtes Kastanienpüree (siehe Seite 164)
- 3 EL Orangenlikör (z.B. Cointreau oder Grand Marnier)
- 300 ml geschlagene Sahne

WALDBEERSAUCE

- 200 ml Wasser
- 100 ml Rotwein
- 50 g Zucker
- 1 unbehandelte Zitrone, Saft und Schale
- 1 Nelke
- 1 Zimtrinde
- 5 Melissen- oder Pfefferminzblätter
- 1 TL Kartoffelmehl
- 250 g gemischte Waldbeeren

WEITERES

- 4 Pfefferminzblätter zum Garnieren

KASTANIENTIMBALE

- In einem kleinen Topf Sahne leicht erhitzen, weiße Schokolade zerkleinern und dazugeben. Vom Herd ziehen und mit dem Schneebesen so lange rühren, bis die Schokolade geschmolzen ist.
- Gesüßtes Kastanienpüree und Orangenlikör unter die geschmolzene Schokolade ziehen. Geschlagene Sahne vorsichtig unterheben.
- Masse in Timbaleformen oder andere kleine Förmchen füllen und kalt stellen.

WALDBEERSAUCE

- Wasser, Rotwein, Zucker, Zitronensaft, -schale, Nelke, Zimtrinde und Melissenblätter 5–10 Minuten aufkochen lassen.
- Das mit etwas kaltem Wasser angerührte Kartoffelmehl mit dem Schneebesen in die Rotweinsauce rühren und die Sauce damit binden. Bei schwacher Hitze noch einige Minuten kochen lassen.
- Durch ein Sieb über die gemischten Waldbeeren gießen und auskühlen lassen.

FERTIGSTELLUNG

- Kastaniencreme aus den Formen stürzen, auf der Waldbeersauce geben, mit Pfefferminzblätter garnieren und servieren.

45 Minuten

TIPPS

- Wenn Sie keine frischen Waldbeeren bekommen, dann können Sie auch ein Tiefkühlprodukt verwenden.
- Die Formen lassen sich leichter stürzen, wenn Sie sie kurz in heißes Wasser tauchen.

Kastanientimbale mit weißer Schokolade auf Waldbeersauce

Für 8 Personen

ORANGENSALAT

MIT KARAMELLISIERTEN KASTANIEN UND VANILLEEIS

KARAMELLISIERTE KASTANIEN

50 g	Zucker
400 g	Kastanien, geschält
100 ml	Weißwein
500 ml	Wasser
1	Nelke
etwas	Zimtrinde

WEITERES

4	Orangen
2 EL	Orangenlikör (Grand Marnier oder Cointreau)
8 Kugeln	Vanilleeis
2	Kiwi, in Scheiben geschnitten

KARAMELLISIERTE KASTANIEN

20 Minuten

- In einem kleinen Topf Zucker karamellisieren lassen, Kastanien dazugeben und mit Weißwein ablöschen. Wasser, Nelke und Zimtrinde hinzufügen und so lange kochen lassen, bis die Flüssigkeit fast vollständig verkocht ist.

FERTIGSTELLUNG

- Orangen schälen, in Scheiben schneiden, auf Tellern anrichten und mit Orangenlikör beträufeln. Die karamellisierten Kastanien und das Vanilleeis dazugeben, mit Kiwischeiben garnieren und servieren.

Für 8 Personen

OBSTSALAT

MIT FRISCHEN FEIGEN UND KASTANIEN

ZUTATEN

20 g	Zucker
300 g	Kastanien, geschält
2 EL	Honig
400 ml	Apfelsaft
¼	Honigmelone
½	Ananas
2	Birnen
6	Feigen, geviertelt
1	Zitrone, Saft
3 EL	Maraschinolikör

ZUBEREITUNG

20 Minuten

- Zucker karamellisieren lassen. Kastanien und Honig zufügen, mit Apfelsaft ablöschen und etwa 15 Minuten zugedeckt kochen lassen. Kastanien herausnehmen, Flüssigkeit beiseitestellen.
- Honigmelone, Ananas und Birnen schälen und in gleichmäßige Spalten schneiden.
- Früchte auf Tellern anrichten, geviertelte Feigen und glasierte Kastanien darauflegen. Unter die Flüssigkeit der Kastanien Zitronensaft und Maraschinolikör rühren und die Früchte damit beträufeln.

Für 8–10 Stück

KASTANIENCHARLOTTE MIT MARASCHINO

TEIG

- 3 Eier
- 80 g Zucker
- 1 TL Vanillezucker
- etwas unbehandelte Zitronenschale, gerieben
- 50 g Mehl
- 3 EL Maisstärke

KASTANIENCREME

- 5–6 Blatt Gelatine
- 50 ml Maraschino
- 400 g gesüßtes Kastanienpüree (siehe Seite 164)
- 300 ml geschlagene Sahne

WEITERES

- 200 g Erdbeermarmelade

TEIG

- Eier, Zucker, Vanillezucker und Zitronenschale mit dem Rührgerät schaumig rühren. Mehl und Maisstärke sieben und locker unter die Masse heben.
- Teig gleichmäßig (etwa 2 cm dick) auf ein mit Backpapier ausgelegtes Backblech streichen und im vorgeheizten Backrohr bei 200 Grad 8–10 Minuten backen.
- Herausnehmen und 1–2 Minuten ruhen lassen.
- Ein Küchentuch mit etwas Zucker bestreuen und die Roulade auf das Tuch stürzen, anschließend Backpapier abziehen.

KASTANIENCREME

- Gelatine in kaltem Wasser einweichen. Gut ausdrücken und im erwärmten Maraschino auflösen.
- Unter das Kastanienpüree rühren und die geschlagene Sahne unterheben.

FERTIGSTELLUNG

- Biskuitroulade der Länge nach halbieren, mit Erdbeermarmelade bestreichen und eng aufrollen, anschließend in fingerdicke Scheiben schneiden. Die Wände einer Glasschüssel (12–15 cm Ø) mit den Rouladenscheiben belegen. Einige Scheiben zum Abdecken der Charlotte beiseitestellen.
- Kastaniencreme in die Schüssel füllen, mit den restlichen Rouladenscheiben abdecken und 3–4 Stunden kalt stellen.
- Vor dem Servieren auf eine Platte stürzen und in Scheiben schneiden.

45 Minuten

TIPP

- Statt Maraschino kann man auch Kastanienlikör verwenden.

Kastaniencharlotte mit Maraschino

Kastanienroulade

Schokoladenbiskuit mit Kastaniensahne und Amarenakirschen

KASTANIENROULADE

Für 1 Roulade (10–12 Stück)

30 Minuten

BISKUITROULADE

- 3 Eier
- 80 g Zucker
- 1 TL Vanillezucker
- etwas unbehandelte Zitronenschale, gerieben
- 50 g Mehl
- 3 EL Maisstärke
- 1 EL Kakaopulver

FÜLLUNG

- 300 g gesüßtes Kastanienpüree (siehe Seite 164)
- 300 ml geschlagene Sahne
- 3 EL Kastanienlikör

WEITERES

- 4 EL Rum
- Staubzucker zum Bestreuen

BISKUITROULADE

- Eier, Zucker, Vanillezucker und Zitronenschale mit dem Rührgerät schaumig rühren, bis eine ziemlich feste Masse entsteht. Mehl, Maisstärke und Kakaopulver sieben und vorsichtig unter die Masse heben.
- Teig gleichmäßig (etwa 2 cm dick) auf ein mit Backpapier ausgelegtes Backblech geben. Im vorgeheizten Backrohr bei 200 Grad 8–10 Minuten backen. Herausnehmen und 1–2 Minuten ruhen lassen.
- Ein Küchentuch mit etwas Zucker bestreuen und die Roulade auf das Tuch stürzen, Backpapier abziehen.

FÜLLUNG

- In einer Schüssel das gesüßte Kastanienpüree mit geschlagener Sahne und Kastanienlikör verrühren.

FERTIGSTELLUNG

- Roulade mit Rum beträufeln, Kastaniensahne gleichmäßig darauf verstreichen. Eng zusammenrollen und kalt stellen. Vor dem servieren mit etwas Staubzucker bestreuen.

SCHOKOLADENBISKUIT

MIT KASTANIENSAHNE UND AMARENAKIRSCHEN

Für 1 Kuchen (12 Stück)

40 Minuten

SCHOKOLADEN-BISKUIT

- 6 Eier
- 150 g Zucker
- 120 g Mehl
- 120 g Haselnüsse, gemahlen
- 2 EL Kakaopulver
- 1 TL Vanillezucker
- etwas unbehandelte Orangenschale, gerieben

WEITERES

- Kastaniensahne (siehe Seite 126)
- 150 ml Amarenakirschsaft
- 150 g Amarenakirschen
- 50 g karamellisierte Kastanien (siehe Seite 166), gepresst

ZUBEREITUNG

- Eier und Zucker mit einem Rührgerät schaumig rühren. Mehl, Haselnüsse, Kakaopulver, Vanillezucker und Orangenschale vermischen und vorsichtig unter die Masse heben.
- Teig in eine mit Backpapier ausgelegte Backform geben und im vorgeheizten Backrohr bei 180 Grad 30–40 Minuten backen. Schokoladenbiskuit aus dem Backrohr nehmen und auskühlen lassen.
- Schokoladenbiskuit aus der Form stürzen und in drei gleiche Teile schneiden. Mit Amarenakirschsaft beträufeln und mit Kastaniensahne bestreichen, einige Amarenakirschen auf die Creme geben. Die einzelnen Teile übereinander schichten.
- Die Außenseiten mit der restlichen Kastaniensahne bestreichen, mit dem Spritzsack Rosetten auf den Kuchen spritzen, mit den übrigen Amarenakirschen und den gepressten Kastanien garnieren und kalt stellen.

Für 10–12 Stück

KASTANIENCREMESCHNITTE

MIT EIERLIKÖR UND SCHOKOLADENSAUCE

ZUTATEN

- 250 g Blätterteig
- 400 g gesüßtes Kastanienpüree (siehe Seite 164)
- 2 EL Rum
- 400 ml geschlagene Sahne
- 3–4 EL Eierlikör
- 3–4 EL Schokoladensauce

ZUBEREITUNG

- Blätterteig auf einer bemehlten Arbeitsfläche gleichmäßig ausrollen (etwa 3 mm dick), mit einer Gabel Löcher hineinstechen und Teig in 2 Teile schneiden (etwa 30×30 cm). Blätterteig auf ein mit Backpapier ausgelegtes Backblech geben und im vorgeheizten Backrohr bei 180 Grad 10–15 Minuten hellbraun backen. Herausnehmen und auskühlen lassen.
- Gesüßtes Kastanienpüree und Rum in einer Schüssel verrühren, geschlagene Sahne unterheben.
- Eine Blätterteighälfte in eine 5 cm hohe, rechteckige Form legen. Die Hälfte der Kastaniencreme darauf verteilen. Die zweite Blätterteighälfte darauflegen und mit der restlichen Creme bestreichen. Kalt stellen.
- Vor dem Servieren in vier- oder rechteckige Stücke schneiden, mit Eierlikör und Schokoladensauce beträufeln und servieren.

30 Minuten

TIPP

- Die Kastaniencremeschnitte lässt sich am besten mit einem Sägemesser schneiden.

Für 1 Backblech (12 Stück)

ZUTATEN

- 1 Biskuit (siehe Seite 143, aber ohne Kakaopulver)
- 300 ml Kaffee
- 50 g Zucker
- 3 EL Rum
- 250 g Mascarpone
- 500 g gesüßtes Kastanienpüree (siehe Seite 164)
- 100 g Staubzucker
- 1 Orange, Saft
- 1 unbehandelte Zitrone, Schale
- 500 ml Sahne

WEITERES

- 200 g Preiselbeermarmelade
- etwas Wasser
- 2 EL Kakaopulver zum Bestreuen

KASTANIENTIRAMISU

AUF PREISELBEERSAUCE

ZUBEREITUNG

30 Minuten

- Biskuitroulade in eine 4–5 cm hohe Form legen. Kaffee, Zucker und Rum verrühren und die Biskuitroulade damit beträufeln.
- In einer Schüssel Mascarpone, gesüßtes Kastanienpüree, Staubzucker, Orangensaft und Zitronenschale verrühren. Sahne steif schlagen und unter die Masse heben. Biskuit gleichmäßig mit Kastanien-Mascarponecreme bestreichen und kalt stellen.
- Preiselbeermarmelade und etwas Wasser mit dem Pürierstab zu einer sämigen Sauce mixen.
- Kastanientiramisu mit Kakaopulver bestreuen und in Stücke schneiden. Preiselbeersauce auf Teller geben, Kastanientiramisu darauf anrichten und servieren.

Für 10 Personen

VINSCHGER SCHNEEMILCH
MIT KASTANIEN

ZUTATEN

80 g	Zucker
300 g	Kastanien, geschält
500 ml	Milch
½ TL	Vanillezucker
250 g	Knödelbrot
750 ml	Milch
40 g	Walnüsse, grob gehackt
40 g	geröstete Haselnüsse, grob gehackt
30 g	Sultaninen
2 EL	Pignoli
1	unbehandelte Zitrone, Schale
1 TL	Zimt
3 EL	Rum

WEITERES

500 ml	geschlagene Sahne
2 EL	Schokoladenstreusel oder ½ TL Zimt zum Bestreuen

ZUBEREITUNG

30 Minuten

- 30 g Zucker in einem Topf karamellisieren lassen, anschließend Kastanien, Milch und Vanillezucker zufügen. Etwa 15 Minuten kochen lassen, bis die Kastanien weich sind.
- Kastanien zum Knödelbrot geben und mit Milch, restlichem Zucker, Walnüssen, Haselnüssen, Sultaninen, Pignoli, Zitronenschale, Zimt und Rum vermengen.
- Die Masse auf Tellern anrichten, mit geschlagener Sahne bedecken und kalt stellen.
- Vor dem Servieren mit Schokoladenstreuseln bestreuen.

Für 10 Personen

KASTANIENNOCKEN

AUF PREISELBEERSAUCE

KASTANIENNOCKEN

- 3 EL Zucker
- 150 g Kastanien, geschält
- 800 ml Milch
- 2 EL Honig
- 250 g Knödelbrot
- 3 Eier
- 2 EL Mehl
- 1 EL Rum
- 1 TL Vanillezucker
- 1 Msp. Zimt
- etwas unbehandelte Zitronenschale

PREISELBEERSAUCE

- 200 g Preiselbeermarmelade
- 100 ml Wasser
- 2 EL Rum

WEITERES

- 3 EL Naturjogurt zum Garnieren
- 30 g Butter, zerlassen
- ½ TL Zimt zum Bestreuen

40 Minuten

KASTANIENNOCKEN

- In einem kleinen Topf 2 Esslöffel Zucker karamellisieren lassen, anschließend Kastanien, 300 ml Milch und Honig dazugeben und etwa 30 Minuten weich kochen. Danach die Masse mit einer Gabel leicht zerdrücken und zum Knödelbrot geben. Restliche Milch, Eier, Mehl, Rum, restlichen Zucker, Vanillezucker, Zimt und Zitronenschale zufügen und alles zu einem Knödelteig vermischen.
- Aus der Masse Nocken formen und in leicht gesalzenem, kochendem Wasser etwa 15 Minuten kochen lassen. Mit einer Schaumkelle herausnehmen und abtropfen lassen.

PREISELBEERSAUCE

- Preiselbeermarmelade mit Wasser und Rum pürieren, sodass eine sämige Sauce entsteht.

FERTIGSTELLUNG

- Preiselbeersauce auf Teller geben und mit Naturjogurt garnieren. Kastaniennocken in der Mitte anrichten, mit zerlassener Butter beträufeln und mit Zimt bestreuen.

KASTANIEN-BIRNENSCHEITERHAUFEN

Für 1 Backform (10 Stück)

⌚ 40 Minuten

ZUTATEN

- 500 g Kastanien, geschält
- 500 ml Milch
- 2 EL Honig
- 500 g Williamsbirnen
- 20 g Butter
- 30 g Butter
- 5 Semmeln (oder Weißbrot) vom Vortag
- Guss (siehe Seite 166)
- 2 EL Zucker

ZUBEREITUNG

- Kastanien mit Milch und Honig etwa 15 Minuten kochen lassen, dann Kastanien mit der Gabel leicht zerdrücken.
- Williamsbirnen schälen, in Würfel schneiden, kurz in Butter andünsten und zu den Kastanien geben.
- Eine Backform (etwa 5 cm hoch) mit Butter einfetten. Semmeln in etwa 1 cm dicke Scheiben schneiden und den Boden der Form damit auslegen. Die Hälfte vom Kastanien-Birnengemisch auf dem Brot verteilen, mit Brotscheiben bedecken. Den Rest des Kastanien- und Birnengemischs daraufgeben und wieder mit Brotscheiben bedecken. Guss darübergießen und alles etwas andrücken, damit sich das Brot gut mit dem Guss vollsaugen kann. Mit Zucker bestreuen und im vorgeheizten Backrohr bei 175 Grad etwa 35 Minuten goldbraun backen.
- Mit dem Sägemesser in Portionen schneiden, auf Tellern anrichten und noch warm servieren.

KASTANIEN-BIRNENQUICHE

Für 1 Backblech (12 Schnitten)

⌚ 40 Minuten

AUSLEGETEIG

- 300 g Mehl
- 100 g Butter
- 100 ml Wasser
- 1 Ei
- 1 Prise Salz

KASTANIEN-BIRNENFÜLLUNG

- 3 EL Zucker
- 500 g Kastanien, geschält
- 400 ml Milch
- ½ TL Vanillezucker
- 1 Msp. Zimt
- 4 Birnen
- Guss (siehe Seite 166)

AUSLEGETEIG

- Mehl, Butter, Wasser, Ei und Salz zu einem festen Teig verkneten und etwa 30 Minuten ruhen lassen. Mit dem Nudelholz auf einer bemehlten Arbeitsfläche dünn (2–3 mm) ausrollen. Teig auf ein mit Backpapier belegtes Backblech legen, der Teig soll an den Rändern etwa 2 cm hoch stehen. Mit einer Gabel einige Löcher in den Teig stechen, damit er beim Backen keine Blasen wirft.

KASTANIEN-BIRNENFÜLLUNG

- In einem kleinen Topf Zucker karamellisieren lassen, Kastanien dazugeben und Milch angießen. Vanillezucker und Zimt zufügen und alles etwa 15 Minuten köcheln lassen, bis die Flüssigkeit verkocht ist. Kastanien mit der Gabel etwas zerdrücken.
- Birnen schälen und in Würfel oder kleine Scheiben schneiden, mit den Kastanien vermischen.

FERTIGSTELLUNG

- Guss mit Kastanien-Birnenfüllung vermengen und gleichmäßig auf dem Teig verteilen. Im vorgeheizten Backrohr bei 180 Grad etwa 30 Minuten backen.

TIPP

- Servieren Sie zur Kastanien-Birnenquiche geschlagene Sahne.

Kastanien-Birnenscheiterhaufen

Kastanien-Birnenquiche

Für 12–15 Förmchen

KASTANIENSOUFFLÉ
AUF KIRSCHRAGOUT

KASTANIENSOUFFLÉ

200 ml Milch
70 g Butter
1 TL Vanillezucker
1 Msp. Zimt
1–2 EL Honig
70 g Mehl
4 Eigelb
250 g gesüßtes Kastanienpüree (siehe Seite 164)
4 Eiweiß

KIRSCHRAGOUT

200 ml kräftiger Rotwein
70 g Zucker
1 unbehandelte Zitrone, Saft und Schale
1 Zimtrinde
1 Nelke
4–5 Pfefferminz- oder Melissenblätter
1 TL Kartoffelmehl
500 g Kirschen
>>>

KASTANIENSOUFFLÉ

40 Minuten

▸ Milch in einem Topf mit Butter, Vanillezucker, Zimt und Honig aufkochen lassen. Anschließend mit einem Holzlöffel Mehl einrühren und so lange rühren, bis sich der Teig vom Topfboden löst. Vom Herd nehmen und Eigelb und Kastanienpüree unterziehen. Eiweiß steif schlagen und unter die Masse heben. Souffléförmchen einfetten und zu ¾ mit der Masse füllen. Auf ein Backblech stellen und so viel heißes Wasser angießen, dass die Förmchen 2 cm hoch im Wasser stehen. Im vorgeheizten Backrohr bei 170 Grad etwa 20 Minuten backen.

TIPP

▸ Wenn Sie keine frischen Kirschen gekommen, können Sie auch Tiefkühlware verwenden.

KIRSCHRAGOUT

▸ Rotwein mit Zucker, Zitronensaft, Zitronenschale, Zimtrinde, Nelke und Pfefferminzblättern aufkochen lassen. Kartoffelmehl mit etwas kaltem Wasser anrühren, anschließend mit einem Schneebesen in die Rotweinsauce rühren und die Sauce damit binden. Alles durch ein feines Sieb schütten, Kirschen zur Sauce geben und nochmals einige Minuten aufkochen lassen.

WEITERES

Pfefferminz- oder Melissenblätter zum Garnieren
1 TL Staubzucker zum Bestreuen

FERTIGSTELLUNG

▸ Lauwarmes Kirschragout auf Teller geben, Soufflé darauf anrichten, mit Pfefferminzblättern garnieren, mit Staubzucker bestreuen und servieren.

Für 10 Förmchen

KASTANIENKOCH

- 70 g Butter
- 3 Eigelb
- 30 g Blockschokolade oder Kuvertüre
- 50 g Mandeln, gemahlen
- 100 g Kastanienpüree (siehe Seite 164)
- 3 Eiweiß
- 50 g Zucker

WEISSWEINSABAYON

- 1 Ei
- 2 Eigelb
- 2 EL Zucker
- 150 ml Weißwein
- 1 TL Maisstärke

WEITERES

- 4 EL Preiselbeermarmelade

KASTANIENKOCH

AUF WEISSWEINSABAYON MIT PREISELBEEREN

40 Minuten

KASTANIENKOCH

- Butter und Eigelb mit dem Rührgerät schaumig schlagen. Blockschokolade im heißen Wasserbad schmelzen lassen. Geschmolzene Schokolade mit Mandeln und Kastanienpüree vermischen. Masse unter das Butter-Eigelbgemisch rühren.
- Eiweiß mit Zucker steif schlagen und unter die Masse heben.
- Masse in eingefettete Auflaufformen füllen, sodass diese ¾ voll sind. Auf ein Backblech stellen und so viel heißes Wasser angießen, dass die Förmchen etwa 2 cm hoch im Wasser stehen.
- Im vorgeheizten Backrohr bei 170 Grad etwa 20 Minuten backen.

WEISSWEINSABAYON

- In einer Metallschüssel Eier, Zucker, Weißwein und Maisstärke verrühren und auf dem heißen Wasserbad zu einem festen Schaum aufschlagen.

FERTIGSTELLUNG

- Weißweinsabayon noch warm auf Teller geben. Kastanienkoch stürzen und darauf anrichten, mit Preiselbeermarmelade beträufeln und servieren.

Für 8 Personen

KASTANIENCRÊPES

AUF VANILLESAUCE UND SCHOKOLADE

CRÊPES

150 g	Mehl
250 ml	Milch
2	Eier
1 Prise	Salz
1 Msp.	Vanillezucker
etwas	unbehandelte Orangenschale, gerieben
etwas	unbehandelte Zitronenschale, gerieben
20 g	Butter zum Backen
500 g	gesüßtes Kastanienpüree (siehe Seite 164)
100 ml	Sahne
2 EL	Rum

VANILLESAUCE

250 ml	Milch
1 TL	Maisstärke
2	Eigelb
½	Vanilleschote, Mark
50 g	Zucker

WEITERES

50 g	geschmolzene Blockschokolade zum Beträufeln
1 EL	Staubzucker zum Bestreuen

CRÊPES

45 Minuten

- Mehl und Milch in einer Schüssel glatt rühren. Anschließend Eier, Salz, Vanillezucker, Orangen- und Zitronenschale zugeben und gut verrühren.
- In einer flachen Pfanne etwas Butter zerlassen, Teig portionsweise hineingeben und nacheinander dünne, goldbraune Crêpes backen.
- Gesüßtes Kastanienpüree mit Sahne und Rum verrühren. Masse gleichmäßig auf die Crêpes streichen, zusammenrollen und im Backrohr bei geringer Hitze warm halten.

VANILLESAUCE

- Etwas Milch mit Maisstärke und Eigelb verrühren. Die restliche Milch mit Vanillemark und Zucker aufkochen lassen. Anschließend die Milch-Maisstärke-Mischung einrühren.
- Vom Herd nehmen und mit dem Pürierstab aufmixen.

FERTIGSTELLUNG

- Vanillesauce auf Teller geben. Die lauwarmen Crêpes 3–4 mal schräg durchschneiden und auf der Vanillesauce anrichten. Mit geschmolzener Schokolade beträufeln, mit Staubzucker bestreuen und servieren.

Kastaniencrêpes auf Vanillesauce und Schokolade

Für 8 Personen

KAISERSCHMARREN

MIT KASTANIEN UND PALABIRNEN

ZUTATEN

250 g	Kastanien, geschält
1 EL	Honig
600 ml	Milch
3	Palabirnen
250 g	Mehl
1 Prise	Salz
1 TL	Vanillezucker
3 EL	Kastanienlikör oder Rum
8	Eigelb
8	Eiweiß
50 g	Butter
2–3 EL	Zucker

WEITERES

1 EL	Staubzucker zum Bestreuen

ZUBEREITUNG

- Kastanien mit Honig und 250 ml Milch etwa 15 Minuten kochen lassen, bis die Flüssigkeit verkocht ist.
- Palabirnen waschen und in kastaniengroße Würfel schneiden.
- In einer Schüssel Mehl, 350 ml Milch, Salz, Vanillezucker und Kastanienlikör mit einem Schneebesen glatt rühren, anschließend Eigelb unterrühren. Eiweiß steif schlagen und unter die Masse heben.
- In einer Pfanne Butter zerlassen und den Teig etwa 2 cm hoch einfüllen, mit Kastanien und Palabirnen bestreuen. Dann auf beiden Seiten goldgelb backen und mit einem Kochlöffel oder einem Pfannenwender in Stücke zerteilen. Zucker darüberstreuen und noch einmal in der Pfanne durchschwenken.
- Auf Tellern anrichten, mit Staubzucker bestreuen und servieren.

30 Minuten

TIPP

- Sie können die Palabirnen auch durch andere Birnensorten ersetzen.

Für 20–30 Waffeln

WAFFELN MIT KASTANIENSAHNE
UND PREISELBEEREN

ZUTATEN

- 100 g Butter
- 100 g Zucker
- 3 Eigelb
- etwas unbehandelte Zitroneschale, gerieben
- 1 TL Vanillezucker
- 3 Eiweiß
- 150 g Mehl
- Öl zum Backen

WEITERES

- 200 ml Sahne
- 3 EL Rum
- 200 g gesüßtes Kastanienpüree (siehe Seite 164)
- 4 EL Preiselbeeren
- Staubzucker zum Bestreuen

ZUBEREITUNG

20 Minuten

- In einer Schüssel Butter, die Hälfte des Zuckers, Eigelb, Zitronenschale und Vanillezucker mit dem Rührgerät schaumig rühren. Eiweiß mit dem restlichen Zucker steif schlagen. Zusammen mit Mehl unter die Buttermasse heben.
- Waffeleisen erhitzen, mit etwas Öl bepinseln, Teig portionsweise hineingeben und goldbraun backen. Waffeln auskühlen lassen.
- Sahne steif schlagen. Mit Rum und Kastanienpüree vermengen. Masse in einen Spritzsack füllen und auf die Hälfte der ausgekühlten Waffeln spritzen. Mit Preiselbeeren beträufeln, jeweils mit einer zweiten Waffel schräg abdecken, mit Staubzucker bestreuen und servieren.

BUCHTELN MIT KASTANIEN-PREISELBEERFÜLLUNG

Für 15–20 Stück

🕓 45 Minuten + Ruhezeit

TEIG

- 150 ml lauwarme Milch
- 20 g Hefe
- 500 g Mehl
- 80 g weiche Butter
- 50 g Zucker
- 3 Eier
- 1 TL Vanillezucker
- 1 Prise Salz
- etwas unbehandelte Zitronenschale, gerieben
- 2 EL Rum

WEITERES

- 300 g gesüßtes Kastanienpüree (siehe Seite 164)
- 150 g Preiselbeeren
- 2 EL Staubzucker zum Bestreuen

ZUBEREITUNG

- Lauwarme Milch mit Hefe verrühren. Mehl, Butter, Zucker, Eier, Vanillezucker, Salz, Zitronenschale und Rum dazugeben und alles so lange zu einem Teig verkneten, bis er Blasen wirft. Teig mit einem Küchentuch zudecken und an einem warmen Ort etwa 4 Stunden gehen lassen.
- Teig noch einmal durchkneten, mit dem Nudelholz etwa 2–3 cm dick ausrollen und Kreise (etwa 7 cm Ø) ausstechen. Mit gesüßtem Kastanienpüree und Preiselbeeren füllen, verschließen und zu Kugeln formen. Auf ein eingefettetes Backblech legen und im Backrohr bei 30–40 Grad noch einmal 30 Minuten gehen lassen.
- Im Backrohr bei 180 Grad 15–20 Minuten goldbraun backen. Mit Staubzucker bestreuen und servieren.

MIT KASTANIENCREME GEFÜLLTE WINDBEUTEL

AUF FEIGENSAUCE

Für 8 Personen

🕓 1 Stunde

WINDBEUTEL

- 250 ml Milch
- 1 Prise Salz
- 1 TL Vanillezucker
- 100 g Butter
- 150 g Mehl
- 4 Eier

FEIGENSAUCE

- 200 ml kräftiger Rotwein
- 2 EL Zucker
- etwas unbehandelte Orangenschale
- 1 Zimtrinde
- 1 Nelke
- 2 Feigen

WEITERES

- Kastaniensahne (siehe Seite 126)
- Feigenspalten zum Garnieren
- 1 TL Staubzucker zum Bestreuen

WINDBEUTEL

- In einem Topf Milch, Salz, Vanillezucker und Butter aufkochen lassen. Mit einem Holzlöffel das Mehl einrühren und so lange rühren, bis sich der Teig vom Topfboden löst. Vom Herd nehmen und nach und nach die Eier unterrühren. Teig in einen Spritzsack füllen und damit kleine Rosetten auf ein mit Backpapier belegtes Blech spritzen.
- Im vorgeheizten Backrohr bei 180 Grad 15–18 Minuten backen.

FEIGENSAUCE

- Rotwein, Zucker, Orangenschale, Zimtrinde und Nelke etwa 5 Minuten aufkochen lassen, dann die Gewürze herausnehmen.
- Feigen waschen, vierteln und im Sud etwa 2 Minuten aufkochen lassen. Mit dem Pürierstab zu einer sämigen Sauce mixen.

FERTIGSTELLUNG

- Windbeutel quer teilen, mit dem Spritzsack Kastaniencreme in die untere Hälfte füllen, Deckel auflegen. Feigensauce auf Teller geben, Windbeutel darauf anrichten, mit Feigenspalten garnieren, mit Staubzucker bestreuen und servieren.

Buchteln mit Kastanien-Preiselbeerfüllung

Mit Kastaniencreme gefüllte Windbeutel auf Feigensauce

Für 20 Muffins

KASTANIENMUFFINS

KASTANIEN

- 150 g Kastanien, geschält
- 1 EL Honig
- ½ TL Vanillezucker
- 200 ml Milch

TEIG

- 100 g Zucker
- 60 g weiche Butter
- 1 Ei
- ½ TL Vanillezucker
- 1 Prise Salz
- 1 Msp. Zimt
- 50 ml Milch
- 120 g Mehl
- 1 TL Backpulver

ZUBEREITUNG

- Kastanien mit Honig, Vanillezucker und Milch etwa 30 Minuten weich kochen, bis die Flüssigkeit verkocht ist. Auskühlen lassen und Kastanien mit einem Messer oder einer Gabel etwas zerkleinern.
- Zucker, Butter, Ei, Vanillezucker, Salz und Zimt mit dem Rührgerät schaumig schlagen, anschließend Milch unterrühren. Mehl und Backpulver langsam unterheben. Kastanien unter den Teig mischen.
- Mit einem Esslöffel den Teig in Muffinförmchen füllen, sodass diese ¾ voll sind. Im vorgeheizten Backrohr bei 180 Grad etwa 20 Minuten backen.

30 Minuten

TIPP

- Man kann statt der Kastanien auch Nüsse, Beeren oder andere Früchte zum Teig geben.

Für 1 Kastenform

MARMORKUCHEN
MIT KASTANIENPÜREE UND RUM

ZUTATEN

200 g	weiche Butter
200 g	Zucker
5	Eigelb
1 Msp.	Zitronenschale
1 TL	Vanillezucker
1 Prise	Salz
5	Eiweiß
1 TL	Backpulver
250 g	Mehl
2 EL	Kakaopulver
300 g	Kastanienpüree, gesüßt (siehe Seite 164)
5	EL Rum
1 TL	Staubzucker zum Bestreuen

ZUBEREITUNG

30 Minuten

- Butter mit der Hälfte des Zuckers, Eigelb, Zitronenschale, Vanillezucker und Salz mit dem Rührgerät schaumig rühren.
- Eiweiß mit restlichem Zucker steif schlagen.
- Backpulver, Mehl und geschlagenes Eiweiß unter die schaumig geschlagenen Buttermasse heben.
- Etwas mehr als die Hälfte der Masse in eine ausgebutterte Kastenform geben.
- Den Rest des Teiges mit Kakaopulver, Kastanienpüree und Rum vermengen und mit einer Gabel spiralförmig unter den weißen Teig heben.
- Im vorgeheizten Backrohr bei 180 Grad etwa 45 Minuten backen und auskühlen lassen.
- Mit Staubzucker bestreuen und servieren.

Für 1 Backblech

GEWÜRZSCHNITTEN MIT KASTANIEN

ZUTATEN

- 200 g Kastanien geschält
- 1 TL Vanillezucker
- 300 ml Milch
- 200 g Butter
- 150 g Honig
- 4 Eier
- 400 g Weizenvollkornmehl
- 70 g Mandeln, grob gehackt
- 70 g Walnüsse, grob gehackt
- etwas unbehandelte Zitronenschale, gerieben
- 1 Msp. Nelkenpulver
- ½ TL Zimt
- 1 TL Kakaopulver
- ½ TL Backpulver

ZUBEREITUNG

- Kastanien mit Vanillezucker und Milch etwa 30 Minuten weich kochen. Anschließend Kastanien mit einer Gabel etwas zerdrücken.
- In einer Schüssel Butter, Honig und Eier schaumig rühren. Weizenvollkornmehl, Mandeln, Walnüsse, Zitronenschale, Nelkenpulver, Zimt, Kakaopulver und Backpulver untermengen. Die zerdrückten Kastanien dazugeben und gut vermischen.
- Teig 2–3 cm dick auf ein mit Backpapier ausgelegtes Backblech streichen.
- Im vorgeheizten Backrohr bei 170 Grad etwa 30 Minuten backen, auskühlen lassen und anschließend in Stücke schneiden.

30 Minuten

TIPP

- Sie können die Gewürzschnitten auch mit einer Schokoladenglasur überziehen.

Für etwa 750 g

KASTANIENGEBÄCK

ZUTATEN

- 250 g Mehl
- 150 g gesüßtes Kastanienpüree (siehe Seite 164)
- 100 g Haselnüsse, gemahlen
- 100 g weiche Butter
- 100 g Zucker
- 2 Eier
- etwas unbehandelte Zitronenschale, gerieben
- ½ TL Vanillezucker
- 1 Msp. Backpulver

ZUBEREITUNG

- In einer Schüssel Mehl, gesüßtes Kastanienpüree, Haselnüsse, Butter, Zucker, Eier, Zitronenschale, Vanillezucker und Backpulver zu einem geschmeidigen Teig verarbeiten. Anschließend etwa 30 Minuten ruhen lassen.
- Auf einer bemehlten Arbeitsfläche etwa 5 mm dick ausrollen und beliebige Formen ausstechen.
- Auf ein mit Backpapier ausgelegtes Backblech legen und im vorgeheizten Backrohr bei 180 Grad etwa 10 Minuten backen.

40 Minuten

TIPP

- Das Gebäck kann man nach dem Erkalten auch mit Schokolade überziehen bzw. in Schokolade eintauchen.

Gewürzschnitten mit Kastanien

Kastaniengebäck

Für 10–12 Stück

KASTANIENHERZEN

ZUTATEN

500 g gesüßtes Kastanienpüree (siehe Seite 164)
250 g Blockschokolade
150 g geschlagene Sahne

ZUBEREITUNG

45 Minuten

- Aus Kastanienpüree kleine Herzen (etwa 50 g) formen. Auf Backpapier legen und etwa 30 Minuten einfrieren.
- Blockschokolade im Wasserbad (maximal 40 Grad) schmelzen lassen. Die angefrorenen Kastanienherzen mithilfe eines Holzspießes oder einer Gabel in die geschmolzene Schokolade tauchen. Abtropfen lassen, auf Backpapier legen und erkalten lassen.
- Mit dem Spritzsack etwas geschlagene Sahne aufspritzen und servieren.

Für 50 Stück

KASTANIENKRAPFEN

TEIG

500 g	Mehl
100 ml	Wasser
50 ml	Sahne
50 g	Butter
1	Ei
2 EL	Schnaps
1 Prise	Salz

FÜLLUNG

500 g	gesüßtes Kastanienpüree (siehe Seite 164)
100 g	Marillenmarmelade

WEITERES

	Backfett
2 EL	Staubzucker zum Bestreuen

ZUBEREITUNG

1½ Stunden

- In einer Schüssel Mehl, Wasser, Sahne, Butter, Ei, Schnaps und Salz zu einem festen, glatten Teig verkneten und mindestens 30 Minuten ruhen lassen.
- Gesüßtes Kastanienpüree und Marillenmarmelade verrühren.
- Teig portionsweise mit der Nudelmaschine dünn ausrollen und auf eine bemehlte Arbeitsfläche legen. Auf die Teigstreifen mit einem Teelöffel etwas Kastanienfüllung geben (in Abständen von etwa 8 cm). Zwischenräume mit Wasser bestreichen und Teigstreifen zusammenfalten, Ränder etwas andrücken. Mit dem Krapfenrad rechteckige Krapfen abradeln.
- Im heißen Backfett schwimmend bei etwa 170 Grad auf beiden Seiten goldbraun backen. Mit der Schaumkelle herausnehmen und auf Küchenkrepp abtropfen lassen.
- Vor dem Servieren mit Staubzucker bestreuen.

Grundrezepte

Frische Kastanien (mit Schale) bekommt man etwa ab Mitte September bis Mitte November. Gefrorene, geschälte und getrocknete Kastanien sowie Kastanienpüree sind das ganze Jahr im Fachhandel erhältlich.

KASTANIENPÜREE FÜR SALZIGE GERICHTE

Für 800 g

ZUTATEN

500 g Kastanien, geschält
600 ml Gemüse- oder Geflügelbrühe (siehe Seite 164/165)
1 Lorbeerblatt

ZUBEREITUNG

35 Minuten

- Kastanien mit Geflügelbrühe und Lorbeerblatt etwa 30 Minuten kochen. Anschließend mit der Flotten Lotte oder im Mixer pürieren.

KASTANIENPÜREE FÜR SÜSSE GERICHTE

Für 800 g

ZUTATEN

500 g Kastanien, geschält
600 ml Milch
150 g Honig
½ Vanilleschote oder ½ TL Vanillezucker
1 Msp. Zimt

ZUBEREITUNG

35 Minuten

- Kastanien mit Milch, Honig, Vanilleschote und Zimt etwa 30 Minuten weich kochen, Vanilleschote herausnehmen und mit dem Mixer oder der Flotten Lotte pürieren.

GEMÜSEBRÜHE

Für 1 Liter

ZUTATEN

1–2 Zwiebeln
1 Karotte
1½ l Wasser
1 Stangensellerie oder Sellerieknolle, Schale
1 Lauchstange
1 Knoblauchzehe
Salz
1 TL Pfefferkörner

ZUBEREITUNG

35 Minuten

- In einem Topf Wasser mit Gemüse, Salz und Pfefferkörnern aufkochen lassen. Etwa 30 Minuten köcheln lassen und dann durch ein Tuch oder feines Sieb passieren.

Für 1 Liter

GEFLÜGELBRÜHE

ZUTATEN

- 500 g Geflügelabschnitte (Karkassen)
- 1½ l Wasser
- 1 Zwiebel
- 1 Karotte
- 1 Lauchstange
- 1 Stangensellerie
- 2 Petersilienstängel
- Salz
- 1 TL Pfefferkörner
- 3 Wacholderbeeren
- 1 Lorbeerblatt

ZUBEREITUNG

45 Minuten

- Geflügelabschnitte in einem Topf mit kaltem Wasser aufsetzen. Gemüse putzen, schälen, in Würfel schneiden und dazugeben. Mit Petersilie, Salz, Pfefferkörnern, Wacholderbeeren und Lorbeerblatt würzen und aufkochen lassen. Etwa 30 Minuten bei schwacher Hitze köcheln lassen und dann durch ein feines Sieb oder Tuch abseihen.

Für 1 Liter

BRAUNE GRUNDSAUCE

ZUTATEN

- 1 kg Kalbsknochen, zerkleinert
- 2 Zwiebeln
- 1 Karotte
- 1 Stangensellerie
- ½ Lauchstange
- 1 Knoblauchzehe
- 2 EL Tomatenmark
- 1 EL Mehl
- 500 ml kräftiger Rotwein
- 3 l Wasser
- Salz
- 1 TL Pfefferkörner
- 1 Lorbeerblatt
- 1 Rosmarinzweig
- 3 Salbeiblätter
- 3 Wacholderbeeren, zerdrückt

ZUBEREITUNG

2 Stunden

- Kalbsknochen in einem flachen Topf kräftig anrösten. Gemüse putzen, schälen und in grobe Würfel schneiden. Zu den angerösteten Knochen geben und ebenfalls 5–10 Minuten rösten. Anschließend Tomatenmark zufügen. Wenn es leicht gebräunt ist, Mehl zugeben, mit Rotwein ablöschen und mit Wasser aufgießen.
- Salz, Pfefferkörner, Lorbeerblatt, Rosmarin, Salbei und Wacholderbeeren dazugeben und bei schwacher Hitze 1–2 Stunden köcheln lassen.
- Wenn die Sauce auf die Hälfte eingekocht ist, durch ein feines Sieb passieren.

VARIATION

- **Braune Wildsauce:** Ersetzen Sie die Kalbsknochen durch zerkleinerte Wildknochen.
- **Braune Wachtelsauce:** Anstatt der Kalbsknochen verwenden Sie Wachtelabschnitte.

TIPPS

- Sie können die Knochen auch im Backrohr bei 200 Grad etwa 30 Minuten anrösten.
- Nach diesem Rezept lassen sich auch braune Geflügel-, Lamm-, oder Schweinesauce zubereiten. Dafür nehmen Sie nur die entsprechende Menge der jeweiligen Knochen.

KASTANIEN SCHÄLEN

ZUBEREITUNG

- Frische Kastanien einritzen und 2–3 Minuten in siedendem Wasser kochen (blanchieren). Kastanien noch lauwarm schälen. Damit bleibt die Frucht roh und eignet sich optimal zur Weiterverarbeitung laut Rezept.

NUDELTEIG

Für 500 g

ZUTATEN

350 g Mehl
150 g Hartweizengrieß
4 Eier
3 EL Olivenöl
Salz
80 ml Wasser

ZUBEREITUNG

15 Minuten + Ruhezeit

- Mehl, Hartweizengrieß, Eier, Olivenöl, Salz und Wasser auf einer Arbeitsfläche oder in einer Küchenmaschine zu einen festen Teig verkneten, dann zugedeckt mindestens 30 Minuten ruhen lassen.

KARTOFFELTEIG

Für 500 g

ZUTATEN

500 g mehlige Kartoffeln
150 g Mehl
2 Eigelb
Salz
Pfeffer aus der Mühle
Muskatnuss

ZUBEREITUNG

1½ Stunden

- Kartoffeln waschen, etwa 50 Minuten in Wasser kochen lassen oder im Dampfgarer garen, anschließend abseihen. Wenn die Kartoffeln etwas ausgekühlt sind, schälen und durch die Kartoffelpresse drücken. Vollständig auskühlen lassen.
- In einer Schüssel mit Mehl, Eigelb, Salz, Pfeffer und Muskatnuss zu einem Teig verarbeiten.

TIPP

- Sie sollten den Teig nicht zu lange stehen lassen, sondern ihn so schnell wie möglich weiterverarbeiten.

GUSS (ROYALMASSE)

Für 1 Liter

ZUTATEN

400 ml Milch
200 ml Sahne
5–6 Eier
etwas Vanillezucker
100 g Zucker

ZUBEREITUNG

5 Minuten

- Alle Zutaten mit dem Schneebesen in einer Schüssel verrühren.

KARAMELLISIERTE KASTANIEN

Für 800 g

ZUTATEN

100 g Zucker
500 g Kastanien, geschält
1 l Wasser

ZUBEREITUNG

20 Minuten

- Zucker in einem Topf karamellisieren lassen, Kastanien dazugeben und mit Wasser aufgießen. Die Masse so lange einkochen lassen, bis sie eine honigähnliche Konsistenz hat.

Glossar

Abschmälzen: Gemüse oder Teigwaren mit heißer Butter übergießen.
Abschrecken, abschocken (abfrischen): Lebensmittel, meist Gemüse, nach einem Garprozess (im Wasser) kurz in Eiswasser tauchen, um den Garprozess zu unterbrechen und die leuchtende Farbe zu erhalten.
Al dente: Italienisch für bissfest; Gemüse und Pasta, die nach dem Kochen noch Biss haben sollen.
Anbraten: Fleisch oder Geflügel bei starker Hitze anbraten, sodass außen eine braune Kruste entsteht.
Anschwitzen (andünsten): Gemüse in Fett bei geringer Hitze garen, ohne dass das Produkt gebräunt wird.
Ausdämpfen: Gekochte heiße Kartoffeln verlieren durch den Dampfaustritt das überschüssige Wasser.
Auslegen: Eine Backform mit Teig auslegen.
Ausstreichen: Eine Form mit Butter oder anderen Fettstoffen an den Innenwänden bestreichen, damit sich der Inhalt nach dem Backen besser löst.
Blanchieren (vorgaren): Gemüse oder Früchte kurz in kochendes Wasser geben und dann in Eiswasser tauchen, um den Garprozess zu unterbinden.
Timbaleformen: Kleine, glatte, zylindrische (oben breiter als unten) Becherformen aus Metall.
Dinkel: Auch Urweizen genannt. Das nicht ausgereifte und getrocknete Korn wird als Grünkern bezeichnet.
Frittieren: Schwimmend in heißem Fett garen.
Garnieren: Das Verzieren einer Speise mit einer passenden Garnitur, z.B. mit Kräutern oder anderem.
Karamellisieren: Mit Zucker überglänzen.
Kneten: Eine Teigmasse kräftig drücken und falten, damit sie glatt und geschmeidig wird.
Marinieren: Produkte in eine Würzflüssigkeit einlegen, um das Aroma zu verbessern oder um Speisen weicher zu machen.
Reduzieren: Flüssigkeit einkochen lassen, um dadurch das Aroma zu konzentrieren.
Schaumig rühren: Zutaten wie Butter, Zucker und Eier rühren, bis eine glatte Mischung entsteht.
Schnee (Eischnee): Steif geschlagenes Eiweiß.
Soufflé: Ein in kleinen Porzellanformen gebackener, sehr luftiger Auflaufpudding.

Register

Beinschinken mit Sauerkraut, Apfelwürfeln und Kastanien 116
Blätterteigkissen mit Kastaniensahne auf Rotweinzwetschgen 127
Blätterteigkissen mit Kastanien, Wildfleischwürfeln und Trauben in rosa Pfeffersauce 85
Blaukrautsalat mit glasierten Kastanien und geräucherter Entenbrust 42
Bratkartoffeln mit Speck und Kastanien 120
Braune Grundsauce 165
Buchteln mit Kastanien-Preiselbeerfüllung 156
Buchweizenspatzlen mit Kastanien, Wirsing und Südtiroler Speck 65
Crêpes mit Kastanien, Broccoli und Kalbfleisch auf Portweinsauce 86
Dinkel-Gerstenrisotto mit Kastanien und Mascarpone 80
Doppeltes Entrecôte in süß-saurer Zwetschgen-Kastaniensauce mit Schlosskartoffeln 114
Eingebrannte Dinkel-Kastaniensuppe 58
Fasanenbrust mit Kastanien, Rhabarber und Duchesse-Kartoffeln 91
Fenchel mit Kastanien 121
Garganelli mit Kastanien und Kürbis in Rucolasauce 73
Gebratene Kastanien mit frischen Feigen und Bauernspeck 40
Geflügelbrühe 165
Gemüsebrühe 164
Gemüselinsen mit Speck und Kastanien 120
Gewürzschnitten mit Kastanien 160
Glasierte Kastanien und Trauben im Krapfenteig gebacken auf Rosenmuskatellerschaum 124
Guss (Royalmasse) 166
Herbstsalat mit gegrillter Schinkenscheibe und glasierten Kastanien 42
Hirschgulasch mit Apfel-Kastanienknödel und Rosenkohl 96
Hirschmedaillons mit Kastanienkruste 98
Hühnerbrüstchen mit Salbei im Speckmantel auf Kastanien, Rosenkohl, Schalotten und Pariser Kartoffeln 93
In Portwein glasierte Kastanien mit Hühnerleberbruschetta und Melonen 45
Kaiserschmarren mit Kastanien und Palabirnen 154
Kalbfleischstreifen mit Kastanien und Äpfeln in Calvadossauce 111
Kalbsgeschnetzeltes mit Kastanien, Morcheln und Broccoli in Cognacsauce 110
Kalbsrückensteak mit Kastanien und Trauben 109
Kaninchenkeule mit Kastanien und Rosenmuskateller 107
Karamellisierte Kastanien 166

Kartoffelteig 166
Kartoffelteigtaschen mit Kastanien-Ricotta-Füllung auf püriertem Blaukraut und gebratenen Apfelspalten 60
Kartoffelteigtaschen mit Kastanien-Schalottenfüllung und Salbeibutter 62
Kastanien-Birnenquiche 148
Kastanien-Birnenscheiterhaufen 148
Kastaniencharlotte mit Maraschino 140
Kastaniencremeschnitte mit Eierlikör und Schokoladensauce 144
Kastaniencrêpes auf Vanillesauce und Schokolade 152
Kastanieneis auf Kakisauce 133
Kastanien-Frischkäseaufstrich mit frischen Feigen 44
Kastaniengebäck 160
Kastanienhalbgefrorenes mit Feigen in Rotweinsauce 130
Kastanienherzen 162
Kastanien-Honighalbgefrorenes mit Rumsabayone 130
Kastanien-Kartoffelnocken mit Palabirnen und gehobeltem Parmesan 64
Kastanienknödel auf Kürbissauce mit Broccoliröschen 69
Kastanienkoch auf Weißweinsabayon mit Preiselbeeren 151
Kastanienkrapfen 163
Kastanien-Kürbissuppe 58
Kastanien mit Glühweinschaum und Mohneiscreme 134
Kastanienmuffins 158
Kastaniennocken auf Preiselbeersauce 147
Kastanienpüree für salzige Gerichte 164
Kastanienpüree für süße Gerichte 164
Kastanienpüree mit Wachtelschenkel und -brüstchen 88
Kastanienravioli auf Sellerie-Rahmsauce 72
Kastanienroulade 143
Kastaniensahne im Hippencanneloni auf Brombeersauce 128
Kastaniensahne mit gebackenen Strudelblättern auf Kakisauce 126
Kastaniensahne und Meringue auf Himbeersauce 122
Kastaniensoufflé auf Blaukraut 66
Kastaniensoufflé auf Kirschragout 150
Kastanienspaghetti auf Schwarzbeersauce mit Vanilleeis 123
Kastanienstrudel mit Kürbis und Sellerie auf Gewürztraminersauce 82
Kastaniensuppe mit Lagrein und Blätterteig-Parmesanstangen 56
Kastaniensuppe mit Rotweinbirnen 57
Kastanienterrine mit Kalbsleberaufstrich auf Toast und Cumberlandsauce 46
Kastanientimbale mit weißer Schokolade auf Waldbeersauce 136
Kastanientiramisu auf Preiselbeersauce 145
Knödelscheiben auf Kastaniensauce mit Speck 70
Lammeintöpfchen mit Kastanien und Gemüsewürfeln 118
Lammrücken mit Thymiankruste auf Kartoffelwürfeln mit Kastanien 119
Marmorkuchen mit Kastanienpüree und Rum 159
Mit Kastaniencreme gefüllte Windbeutel auf Feigensauce 156
Mit Kastanien gefülltes Kalbsschnitzel auf Sellerie-Kürbissauce 108
Mit Kürbisstreifen überbackene Hühnerbrust auf Kastaniensauce 92
Mit Mascarpone überbackene Kastanien und Dörrpflaumen 134
Nudelteig 166
Obstsalat mit frischen Feigen und Kastanien 139
Orangensalat mit karamellisierten Kastanien und Vanilleeis 138
Pappardelle in Speck-Steinpilzsauce mit Kastanien 76
Pochiertes Reh mit Kastanienmeerrettich auf Salat 51
Preiselbeereis auf Kastanien-Rumsauce mit Blätterteig-Mandelgebäck 133
Ragout von der Rehkeule mit Kastanien, Broccoli, Kürbis und weißen Rüben in Wildrahmsauce 99
Reisring mit Ragout aus Kastanien, Trauben und Wildhasenrücken in Rotweinsauce 81
Rosa gebratene Entenbrust mit Sesam auf einem Ragout von Kastanien, Karotten, Kürbis und Rosenkohl mit Orangensauce 95
Rosa gebratene Rehmedaillons mit Lauch-Kastanienspatzlen 101
Rosa gebratener Hirschrücken mit Kastanienmousse, Preiselbeeren und Williamsbirne 50
Rosa gebratenes Wild mit Kastanien-Sellerie-Zwiebelchutney 48
Rosenkohl mit Kastanien 121
Rotweinrisotto mit Kastanien, Ziegenfrischkäse und frischer Pfefferminze 78
Schokoladenbiskuit mit Kastaniensahne und Amarenakirschen 143
Schulterbraten vom jungen Rind mit Kastanien-Blaukrautstrudel 113
Schupfnudeln mit Kastanien, Wirsing und geraspeltem Almkäse 63
Sellerie-Apfelsalat mit glasierten Kastanien und rosa Grapefruitfilets 41
Spanferkelrücken auf gedünstetem Weißkraut mit Kastanien 117
Tagliarini mit Kastanien und Pfifferling-Lagreinsauce 77
Tagliatelle in Weißburgundersauce mit Kastanien und Trauben 74
Vinschger Schneemilch mit Kastanien 146
Waffeln mit Kastaniensahne und Preiselbeeren 155
Weißweinrisotto mit Kastanien, Stangensellerie und Wildfleischstreifen 78
Wildcarpaccio mit Kastanien-Pfifferling-Vinaigrette 48
Wildhasenrücken auf Herbstsalaten mit Kastanien und Granatäpfeln 52
Wildhasenrücken mit Kastanien, Sauerkirschen und Maishalbmonden 104
Wildkraftbrühe mit Kastanienravioli, Kürbisstreifen und Sherry 54
Wildschweinrücken mit Kastanien auf süß-saurer Johannisbeersauce und Salbeischupfnudeln 102

Réseaux STMG DÉTACHABLE

ÉDITION ACTUALISÉE

Tle STMG

Management, sciences de gestion et numérique

Enseignement spécifique

MERCATIQUE

Farid Abdat
Professeur d'économie et gestion
au lycée Jean Jaurès, Montreuil

Pascal Estrat
Professeur d'économie et gestion
au lycée Jules Siegfried, Paris

Abdelbassat Hamdaoui
Professeur d'économie et gestion
au lycée Émile Dubois, Paris

Sébastien Irankhah
Professeur d'économie et gestion
au lycée Robert Schuman, Charenton-Le-Pont

Nathalie Maurel-Arnal
Professeure d'économie et gestion
au Lycée Louis Rascol, Albi

Nadine Vaudry
Professeure d'économie et gestion
au lycée Jeanne d'Arc, Sainte-Adresse

DELAGRAVE

PROGRAMME

MANAGEMENT, SCIENCES DE GESTION ET NUMÉRIQUE T^LE STMG

- **La partie commune** du programme de management, sciences de gestion et numérique apporte des éléments pour comprendre le fonctionnement de tout type d'organisation (entreprises, associations, organisations publiques, organisations de la société civile, organismes, établissements, etc.) et permet d'aborder un socle de pratiques de gestion dans le domaine de la gestion et de la finance, de la mercatique (*marketing*), des ressources humaines et de la communication ainsi que des systèmes d'information de gestion.
- Dans le prolongement de l'enseignement commun, **l'enseignement spécifique de mercatique** (*marketing*) vise à aborder plus particulièrement des problématiques et des pratiques actuelles de marketing dans les organisations.

Liens transversaux entre l'enseignement commun et l'enseignement spécifique de mercatique (*marketing*)

Enseignement commun		Enseignement spécifique de mercatique	
Thème 1 : Les organisations et l'activité de production de biens et de services		**Thème 1 : La définition de l'offre** **Thème 3 : La communication de l'offre**	
Questions	**Notions**	**Questions**	**Notions**
1.1. Quels produits ou quels services pour quels besoins ?	• Démarche *marketing* • Approches *marketing* • Étude de marché • Veille *marketing* et commerciale	**1.1 La personnalisation de l'offre est-elle incontournable ?**	• Segmentation, ciblage, positionnement, couple produit/marché • *Marketing* de masse • *Marketing* différencié • *Marketing* concentré • *Marketing* individualisé (*one to one*) • Composantes de l'offre, conditionnement, stylique (*design*), marque, qualité, image • Produit : bien, service • Offre globale, gamme, politique de marque
		3.1 Communiquer : quelle visibilité et quels médias pour valoriser l'offre ?	• *Marketing* direct
		3.2 Comment enrichir la relation client grâce au numérique ?	• *Marketing* d'influence • *Marketing* viral

ISBN : 978-2-206-31020-6

Delagrave Éditions, 5 allée de la 2e D.B. - 75015 PARIS
www.editions-delagrave.fr